GRUNDLAGEN
UND GEDANKEN

Drama

Ödön von Horváth

GESCHICHTEN AUS DEM WIENERWALD

von Friedrich Hobek

VERLAG MORITZ DIESTERWEG
Frankfurt am Main

Die Reihe wird herausgegeben von Hans-Gert Roloff.

ISBN 3-425-06069-4

2. Auflage 1999

Umschlaggestaltung: Verlag Moritz Diesterweg
Satz: fotosatz griesheim gmbh, Griesheim
Druck und Bindung: Weihert-Druck GmbH, Darmstadt
Printed in Germany

Inhalt

1 Allgemeine Grundlagen

1.1 Vorbemerkung

Geschichten aus dem Wiener Wald – das »bitterste, dasböseste, das bitterböseste Stück neuerer deutscher Literatur« – wie es Kurt Pinthus in seiner Rezension (zit. nach: Mat GWW, S. 127*) zur Berliner Uraufführung 1931 nannte, bereitete für Horváth den endgültigen Durchbruch, es gilt als sein Meisterwerk. Neben den Stücken *Kasimir und Karoline* und *Glaube Liebe Hoffnung* gehört es heute zu den meistgespielten. In den Jahren nach dem Zweiten Weltkrieg hingegen fanden vor allem die späten Stücke, in denen religiöse und humanistische Themen im Mittelpunkt stehen, Beachtung. Erst allmählich bildete sich der oben genannte Kanon heraus. In den 70er Jahren erreichten die *Geschichten* schließlich den Status des »Klassischen«. Sie stellen auch dasjenige Werk des Dichters dar, das literaturwissenschaftlich am gründlichsten analysiert ist. Die Forschung betrachtete es zunächst vor allem unter den Aspekten, die Horváth selbst nahe legte: als ›neues‹, kritisches Volksstück, in dem nicht der Dialekt, sondern der »Bildungsjargon« verwendet wird. Allmählich gelangten dann auch die ›metaphysischen‹ Elemente (Schuldfrage, Tod, ›abwesender‹ Gott) in das Blickfeld der Analyse.

Das Stück vereint in sich disparate Gattungen: Es ist Volksstück *und* beißende Satire, es führt Kitschelemente vor, um sie zu entlarven, es ist eine höchst spezifische Mischung von Tragödie *und* Komödie, es ist wegen der zahlreichen Musikeinlagen unter anderem auch Parodie auf die Wiener Operette. Aus der raffinierten szenischen und dialogischen Technik (Täuschungsfunktionen des Bühnenbilds, der Sprache und Musik) und aus der oft polyphon geführten Symbolik ergibt sich eine höchst »komplexe Textur« (Herbert Gamper).

Ist der Wien-Bezug und die Verankerung im Wiener Jargon satirische Entlarvung der Bewohner einer Stadt, die gemäß einer bösen Bemerkung ›aus ihrer Mördergrube ein Herz machen‹, oder ist es nur zufälliges Lokalkolorit, in dem sich anthropologische Konstanten der Gemeinheit und der Tücke zeigen, die vom *genius loci* abstrahiert werden können? Als das Stück 1948 das österreichische Theater erreichte, gab es einen Theaterskandal und aggressive Verrisse in den Zeitungen. Man wollte sich sein Wienertum nicht madig machen lassen. Heute ist das Stück fast als eine Art Nationalsaga einverleibt worden und kommt von Zeit zu Zeit auf die Bühne.

Seiner einstigen irritierenden Ungemütlichkeit und Schockwirkung ist das nun 70 Jahre alte Stück möglicherweise verlustig gegangen. Aus der sicheren Distanz der Jahre schauen wir ein wenig mehr aufgeklärten Kleinbürger den

---

* Das hier und im Folgenden verwendete Siglensystem wird im Literaturverzeichnis, S. 94 erklärt.

Kleinbürgern auf der Bühne zu, wie sie damals mit unaufgeklärten Redensarten auf den Lippen ins Unglück stolperten. Zwar ist das »Dummdeutsch« (Eckhard Henscheid) um die Jahrtausendwende nicht identisch mit dem Horváth'schen »Bildungsjargon« Anfang der dreißiger Jahre, doch kann eine sorgfältige Analyse die unter der Oberfläche verborgenen Ähnlichkeiten und Analogien sichtbar machen. Lassen sich von da ausgehend nicht doch Lehren ziehen aus einem Stück, das kein Lehrstück ist und auch keinen Modellcharakter aufweist? Ob das Stück aktueller denn je ist, weil sich vielleicht vergleichbare Bewusstseinsstrukturen wieder zeigen, ist eine Thematik, die bisher kaum literaturwissenschaftlich, wohl aber immer wieder in der feuilletonistischen Kritik behandelt wird, wobei die Inszenierungen die Spannung zwischen historisierenden und aktualisierenden Konzepten widerspiegeln. Das Stück spielt nach der vom Autor bewusst ambivalent formulierten Regieanweisung »*in unseren Tagen*« (102)*, was nicht übersehen werden darf. Eine jeweils neue Annäherung ist nötig.

Die hochgradige Dichte des Textes, die Subtilität und Genauigkeit des Dialogs, die komplexe dramaturgische Struktur (hinter syntaktischer Schlichtheit und trivialer Handlung verborgen), der motivische und thematische Reichtum (utopischer Wunsch nach Liebe und seine grausame Vereitelung, Todesverfallenheit der Figuren, die mit einer Wirtschaftskrise einhergehende Inflation menschlicher Werte, die hinter Weinerlichkeit verborgene Destruktivität) verlockt Literaturwissenschaftler zu den unterschiedlichsten theoretischen Projektionen und ermöglicht wegen ihrer Verschiedenartigkeit faszinierende Regiekonzepte.

1.2 Entstehung und biografische Skizze

Motive und Figurenkerne der *Geschichten* lassen sich bis etwa 1928 zurückverfolgen (s. Ausgabe BS [= Bibliothek Suhrkamp], S. 207ff.). In diesen ganz frühen Entwürfen, die Horváth gleich im Dutzend schrieb, sind die Fabeln noch auf ihren »kruden und roh gezimmerten« Geschehensablauf beschränkt. In den »sich wiederholenden, in ihrem Vorrat eng begrenzten Motiven« zeigt sich noch jener ›Bodensatz‹, der in der Endfassung durch die Füllung mit komplexen dialogischen und szenischen Verfahren aufgehoben wird (Kurzenberger 1974, S. 105). In diesen verschiedenen Vorarbeiten kristallisieren sich allmählich die Grundmuster von Figuren und Situationen heraus, wie sie Eingang finden in den Roman *Der Ewige Spießer* (1930), in die Posse *Rund um den Kongreß* (1928), in das Fragment *Ein Fräulein wird verkauft* bis hin in die *Geschichten*. Immer wieder variiert Horváth diese Skizzen und vermengt in einer Art Klebetechnik (oft sogar im wörtlichen Sinn, indem er nicht nur Dialoge und Dialogteile umstellt,

* *Geschichten aus dem Wiener Wald* wird im folgenden Text mit Seitenangabe zitiert nach der Kommentierten Werkausgabe, Bd. 4 (= st 1054) (s. S. 94, Literaturverzeichnis 7.1).

sondern sie auch anderen Figuren in den Mund legt) einen Entwurf mit dem anderen. Der Arbeitsprozess geht in eine zunehmende Straffung, in atmosphärische Verdichtung und Präzisierung szenischer und dialogischer Details über. Bis zuletzt feilt der Autor an Nuancen. Da wird etwa ein ›herumgekommen‹ ersetzt durch ein »herumtransferiert« (111), ein ›Vormittagsküßchen‹ durch ein »Vormittagsbussi« (116), und aus der Formulierung des Zauberkönigs, Marianne habe die Sockenhalter ›verschlampt‹, wird das ironische »verhext« (115). Abgeschlossen wird die Arbeit im Frühsommer 1931, was aus einem Interview in der »Wiener Allgemeinen Zeitung« (5. 7. 1931) hervorgeht, in dem Horváth mitteilt, er beende soeben die Arbeit an den *Geschichten aus dem Wiener Wald*, einem ›Wiener Volksstück‹.

Ödön von Horváth, der sich wiederholt als eine »typisch alt-österreichisch-ungarische Mischung« (GW 11, 184) bezeichnet, ist ein ›Tornisterkind‹. So nannte man in der Monarchie die Kinder von Offizieren, Beamten oder Diplomaten, die immer wieder von einem Land in das andere umziehen mussten, ›transferiert‹ wurden. Geboren am 9. Dezember 1901 in Susak (einem Vorort von Rijeka/Fiume) im ungarischen Teil der Reichshälfte als Sohn eines landadeligen Diplomaten, lebt er 1903 bis 1908 in Belgrad, 1908 bis 1913 in Budapest, 1914 in München und besucht 1917 die Oberrealschule in Pozsony/Bratislava/Preßburg. Trotz des Namens (Ödön = ungar. f. ›Edmund‹, Horváth = ›Kroate‹ und ein in Ungarn und Ost-Österreich häufiger Familienname) ist seine Muttersprache Deutsch. Aufgrund der häufigen Übersiedlungen schreibt er jedoch erst mit 14 Jahren den ersten deutschen Satz (s. GW 11, 183). Gerade diese Konfrontation mit so vielen Idiomen mag sehr früh schon zu einer geschärften Sensibilität für feinste Nuancierungen eines Gesprächs geführt haben, für die dabei möglichen Missverständnisse und Verstellungen. Im einfachen und oft abgehackten Satzbau seines dramatischen Werks ergibt sich später eine Dichte und Subtilität des Dialogs, die oft mit Schnitzler und mit Čechov verglichen wird.

Den Zusammenbruch der Monarchie begreift Horváth zwar als entscheidendes historisches Ereignis, nicht jedoch als individuellen Schicksalsschlag. Das zynisch-sachliche Lebensgefühl dieser ›Nachkriegsgeneration‹ wird in der *Autobiographischen Notiz* (GW 11, 183) deutlich. Als 1919 in Ungarn unter Béla Kuhn die Räteverfassung eingeführt wird, wird Horváths Vater zunächst unter Hausarrest gestellt und verlässt schließlich Budapest in Richtung Bayern. Im Sommer besucht Ödön die Abschlussklasse im »Konzessionierten Institut Vrtel«, einem privaten Realgymnasium in Wien. Während dieser Zeit lebt er bei seinem Onkel in der Piaristengasse 62. Bei späteren Aufenthalten (1920 und 1931) wohnt er in der in einer Parallelgasse gelegenen Pension Zipser. Wenige Schritte davon entfernt, Lange Gasse 49, befinden sich jene Häuser in einer *»stillen Straße im achten Bezirk«*, die als Anregung für den zentralen Schauplatz in den *Geschichten* dienten.

Nach dem Abitur zieht er zu seinen Eltern nach München und belegt an der Ludwig-Maximilian-Universität fünf Semester lang literatur- und theaterwissenschaftliche Vorlesungen und Übungen. Er kennt demnach bei seinen ersten Schreibversuchen die Gestaltungsmöglichkeiten sowohl der älteren als auch der zeitgenössischen dramatischen Literatur.

1924 fasst er den Entschluss, sich in Berlin niederzulassen, was für den »Inhalt seiner Stücke aus mehrfachen Gründen von entscheidender Bedeutung« ist (Doppler 1976, S. 13). Berlin bietet ihm die Möglichkeit, als Schriftsteller zu leben, befreit ihn vor dem »Stillstand«, vor der »Gefahr des Romantischwerdens« (GW 11, 188), wie es in der autobiografischen Skizze *Flucht aus der Stille* heißt. Er will das »Werden eines neuen gesellschaftlichen Bewußtseins« (GW 11, 187) erleben. Das Berlin der Zwanziger Jahre, Deutschlands »einzige Zitadelle der Aufklärung« (Helmut Plessner), ist hierfür der geeignete Ort. *Revolte auf Côte 3018*, schon 1927 in Hamburg uraufgeführt, wird umgearbeitet und unter dem neuen Titel *Die Bergbahn* 1929 in Berlin inszeniert. Rückschauend wird es vom Autor als sein »erstes« Stück bezeichnet. Es folgen *Sladek* (1929) und *Die Italienische Nacht* (1931).

1931 ehrt Carl Zuckmayer, der für die Vergabe des Kleist-Preises zuständig ist, den jungen Dramatiker mit einem der bedeutendsten Literaturpreise des deutschen Sprachraums. Horváth sei unter den Nachwuchsdramatikern die »stärkste Begabung«, der »hellste Kopf und die prägnanteste Persönlichkeit« (zit. nach: Mat GWW, S. 79f.), so begründet Zuckmayer seine Entscheidung, dem Verfasser der *Italienischen Nacht* und anderer Stücke den Preis zuzuerkennen. Aggressive Angriffe auf die Preisvergabe erfolgen seitens der Presse der Rechten, die sich in der Darstellung der illegalen Wehrverbände im *Sladek* sowie der rechten Rabauken in der *Italienischen Nacht* entlarvt sehen. In der »Neuen Preußischen Kronenzeitung« ist etwa zu lesen: »Die Würde des Kleist-Preises hat durch solche Komödie der Urteilskraft schwer gelitten. [...] Der Kunstverstand [...] ist zum Teufel« (zit. nach: ebd., S. 82).

Am 2. November 1931 findet am Deutschen Theater Berlin in Heinz Hilperts Inszenierung die Uraufführung der *Geschichten* statt: mit Carola Neher (Marianne), Hans Moser (Zauberkönig), Peter Lorre (Alfred), Paul Hörbiger (Rittmeister). Das Stück wird insgesamt 36-mal gespielt. Als Horváth bei der Premiere den ›Großkritiker‹ Alfred Kerr erblickt, hat er furchtbare Angst, die sich erst legt, als sich der Erfolg der Aufführung abzuzeichnen beginnt. Die überwiegend positive Aufnahme durch die renommiertesten zeitgenössischen Kritiker (Alfred Kerr, Herbert Ihering, Alfred Polgar) bedeutet für den Autor den endgültigen Durchbruch. Unflätig und drohend angefeindet wird er wieder von der völkischen Presse.

Als »Sauherdenton« (GW 11, 214) bezeichnet Horváth die Art, in der von einer »gewissen« Presse »dahergeschrieben« wird. Die aufgebrachten Rechtskreise versuchen sogar, die österreichische Botschaft in Berlin zu einer Intervention gegen weitere Aufführungen des Stücks zu mobilisieren. Doch österreichischerseits nimmt man's gelassen, bezeichnet gar das Stück als ›harmlose‹ Satire. Das ist es natürlich nicht, aber ›diplomatisch‹ war die Reaktion jedenfalls.

In den Jahren nach 1932 hat Horváth zunehmend Schwierigkeiten, seine

Stücke aufführen zu lassen. Die am Hamburger Thalia-Theater für die Spielzeit 1932/33 geplante Inszenierung der *Geschichten* kommt nicht mehr zustande. Nach Hitlers Machtergreifung werden die Proben für *Glaube Liebe Hoffnung* untersagt. Horváth kommt vorübergehend in Schutzhaft, flieht nach Wien und nach Henndorf (Salzburg). *Der Jüngste Tag* (1937) wird als sein letztes Stück an einer Provinzbühne in Mährisch-Ostrau uraufgeführt. Nach dem ›Anschluss‹ Österreichs an das Deutsche Reich (März 1938) muss er erneut flüchten. Über Budapest, Prag, Triest, Zürich, Amsterdam erreicht er Paris, das nur als Durchgangsstation in die USA gedacht war.

Horváths kurze Mitgliedschaft im nationalsozialistischen »Reichsverband Deutscher Schriftsteller« (erst 1980 bekannt geworden) entspringt kaum seiner Sehnsucht, ›künstlerisch und politisch‹ von den Nazis angenommen zu werden (wie behauptet wurde), sondern ist wohl als »Akt der Verzweiflung« zu sehen, sie beruht auf einer »Fehleinschätzung« (Krischke 1981, S. 208). Reue und Schuldgefühl wegen seines Fehltritts führen zur Verwerfung eines Teils des bisherigen Schaffens und im Spätwerk (1933 – 1937) zur Neuorientierung an religiös-metaphysischer Thematik. Sein antifaschistischer Roman *Jugend ohne Gott* (1937 in einem Exilverlag erschienen) wird von der Gestapo verboten. Für den Dichter besteht höchste Gefahr, auch wenn es für ihn keine abrupte Emigration gibt, sondern eine auf Raten.

Am 1. Juni 1938 wird Horváth in der Nähe der Champs Élysées vom herabfallenden Ast eines Baumes erschlagen. Auf einer Zigarettenschachtel hatte er folgendes Gedicht notiert:

Und die Leute werden sagen
In fernen blauen Tagen
Wird es einmal recht
Was falsch ist und was echt

Was falsch ist, wird verkommen
Obwohl es heut regiert.
Was echt ist, das soll kommen –
Obwohl es heut krepiert. (GW 11, 21)

Horváths tragischer Tod hat den misslichen Topos vom ›Unvollendet‹ gefördert, der in der Rezeption unmittelbar nach dem Zweiten Weltkrieg eine gewisse Rolle spielte.

1.3 »Krise und Wirbel« – Wirtschaftsgeschichtlicher Hintergrund

Im Zeitraum, in dem das Stück entstand (1928 – 1931), stieg in Österreich die Arbeitslosenrate kontinuierlich an: 8,8% im Jahr 1929 bis zum Höhepunkt im Jahr 1933 mit 26,0%.

Arbeitslosigkeit und Lohnabbau hatten einen dramatischen Rückgang der Konsumnachfrage zur Folge. Dies führte zu Einkommenseinbußen bei den Selbstständigen. Im Jahr 1929 betrug die Zahl der Konkurse und Ausgleiche 581 bzw. 1986. Im Jahr 1932 stieg sie auf fast 1100 bzw. 4500 an. Der größte Teil der Geschäftsauflösungen (über 80%) entfiel auf den Handel, das Handwerk und die Kleinbauern (s. Kernbauer/Weber 1988, S. 1).

Am 8. Mai 1931 drohte die Österreichische Credit-Anstalt, die größte österreichische Bank, zusammenzubrechen, worauf gleich zu Beginn des Stückes mit dem höchst aktuellen Wort »Krise« (103) angespielt wird. »Wirbel« (103) ist ein Hinweis auf die zahlreichen Regierungsumbildungen Ende der Zwanziger Jahre (s. Erläuterungen auf S. 212 der Textausgabe).

Die ökonomische Verunsicherung des Mittelstandes bildete den Nährboden für die politische Radikalisierung, aus welcher zuerst der Austrofaschismus seinen Nutzen zog, indem er die Schaffung eines »Ständestaates« verhieß, in dem jedem sein angeblich angestammter und sicherer Platz wieder zukommen sollte. Eine Lösung der Wirtschaftsprobleme konnte dem Austrofaschismus nicht gelingen, nicht nur wegen seines Festhaltens an der Hartwährungspolitik und seiner ideologisch motivierten Ablehnung der organisierten Arbeiterschaft, des ›Klassenfeindes‹ (wobei Arbeitslosigkeit als selbstverschuldet gesehen wurde und deshalb laufend Gesetze für Kürzungen der Unterstützungen beschlossen wurden). Die nationalsozialistische Propaganda versprach dann – unter Hinweis auf die Konjunktur in Deutschland – Arbeit und Brot. Und viele Österreicher schenkten dieser Propaganda Glauben – enttäuschte Anhänger des »Ständestaats«, aber auch Teile der organisierten Arbeiterschaft.

In den Vorstufen des Stücks wird diese Wirtschaftskrise viel expliziter dargestellt. Im Laufe des Arbeitsprozesses ist eine Verschiebung festzustellen, sodass in der Endfassung nicht so sehr das wirtschaftliche Elend selbst gezeigt wird, sondern die damit verbundene ›moralische‹ Inflation, die Auswirkung der Verarmung bis in die feinsten Verästelungen des Bewusstseins.

In Vorarbeiten dient die wirtschaftliche Misere den Figuren noch als direkte und glaubhafte Motivation. Wenn Alfred etwa sagt: »Was soll denn das Kind werden, in der heutigen fürchterlichen Zeit?! Wo wir schon selber nichts mehr zum Fressen haben!« (Horváth-Nachlass an der Österreichischen Nationalbibliothek, 38 a), so erscheint seine Absicht keineswegs fragwürdig und der gemeinsam gefasste Entschluss, das Kind wegzugeben, entspringt der gemeinsamen Notlage. In einer Vorstufe des Schlusses berichtet Alfred: »Mir geht es dreckig. Ich war sogar Arbeiter« (Nachlass 38 h). Eine ganz frühe Fassung der *Geschichten* beginnt mit der Aussage einer Figur: »Endlich habe ich die Stellung bekommen [...]! Jetzt können wir heiraten« (Nachlass 37 k). In einer Vorstufe der Maxim-Szene ergibt sich ein Gespräch zwischen dem Hofrat (dem späteren Zauberkönig) und Luise (später Mathilde, endgültig Valerie): »Also das war eine Prachtidee, dass wir hierhergekommen sind! [...] Seit Jahren war ich in keinem solchen Lokal mehr! Man hat ja auch nicht das Geld.« – »Der Amerikaner zahlt ja alles!« (Ausgabe BS, S. 281).

In der Endfassung ist das Bewusstsein der Figuren für mögliche Gründe der Krise des Mittelstandes verkürzt. In Vorarbeiten hingegen sagte der Zauberkönig (der durch ökonomische Konzentrationsprozesse seine wirtschaftliche Existenz gefährdet sieht) noch: »Unser ganzes Unglück sind die Warenhäuser« (BS, S. 212), meinte aber auch, schon wegen seiner »erfinderischen Tätigkeit«

müsse er ein Gegner des Sozialismus (BS, S. 217) sein. Für das politische Bewusstsein vieler von Verelendung bedrohter Kleinbürger in Horváths Werk ist diese ›doppelte Frontstellung‹ gegen einen »zu Konzentrationsprozessen tendierenden Wirtschaftsliberalismus« (hier verkörpert im ›Warenhaus‹) einerseits und »einen egalisierenden Sozialismus« andererseits typisch (Schnitzler 1990, S. 89). Diese doppelte Frontstellung wird später entschärft. Geblieben ist der Wunsch des Zauberkönigs, den eigenen Bereich vor gesellschaftlichen Veränderungen abzuschirmen, wie absurd die dabei zu Tage tretende Meinung auch sein mag: »Die finanzielle Unabhängigkeit der Frau ist der letzte Schritt zum Bolschewismus« (123). Die gefährdete ökonomische Situation ist in seinen ›irren‹ Sätzen: »Ich für meine Person bin ja konkurrenzlos, weil ich ein Spezialgeschäft bin. Trotzdem geh ich zugrund« (196) und der damit verbundenen Erinnerung an seine verstorbene Frau und die frühere ›Magd‹ Marianne aufgehoben.

In der definitiven Fassung ist auch die Problematik der Arbeitslosigkeit so gut wie ausgeblendet. Alfred spricht zwar bereits in der ersten Szene von »Krise und Wirbel« (103), doch dient ihm das vor allem als Ausrede für seine seltenen Besuche. Dabei ist zu bedenken, dass die Wendung ›Krise und Wirbel‹ wegen des tagtäglichen Gebrauchs in der Presse bereits so zum Schlagwort verkommen war, dass sie sich kaum mehr eignete, die wirkliche finanzielle und damit verbundene existenzielle Not eines von Konkurs oder Arbeitslosigkeit Betroffenen sichtbar zu machen. Alfred erklärt, er tauge nicht zum Bankbeamten, das biete nämlich »keine Entfaltungsmöglichkeiten«, und seine windige Tätigkeit umschreibt er: »Die Arbeit im alten Sinn rentiert sich nicht mehr. Wer heutzutage vorwärtskommen will, muß mit der Arbeit der anderen arbeiten. Finanzierungsgeschäfte und so« (104). Später beginnt mit Mariannes Bemerkung »Die Leut haben halt kein Geld« (143) ein gereizter Dialog über Alfreds ausbleibenden Geschäftserfolg als Kosmetik-Agent (144), der jedoch Alfred dazu dient, Marianne sein Vorhaben, das Kind aufs Land ›weg‹zubringen, schmackhaft zu machen. Rückschauend findet er Valerie gegenüber noch andere Worte für seine damalige Malaise – das emphatisch vorangestellte »Valerie« und die skurrile Aufzählung der Waren sollen deutlich machen, dass er sich für sein Verhalten gegenüber Marianne aus der Verantwortung stehlen will: »Ich hab eine Hautcreme vertreten, Füllfederhalter und orientalische Teppich«, doch es sei ihm alles »danebengelungen«. Und er appelliert an die vorläufig noch nicht versöhnungsbereite Valerie mit den Worten: »Du hast doch früher auch für eine jede Schweinerei Verständnis gehabt« (199).

Die Frage, warum Horváth in der Endfassung die direkten Zeitbezüge getilgt oder abgeschwächt hat, beantwortet Kurzenberger (1974, S. 142f.) damit, dass der Autor gespürt haben müsse, dass mit einer direkten Spiegelung ökonomischer Probleme die dramatische Überzeugungskraft und Wirkung nicht erreicht ist. Parallel zur Tilgung unmittelbar gesellschaftlicher Motivierung erfolgte eine Anreicherung mit sprachlichen Versatzstücken, aber auch mit der für Horváth typischen »artifiziellen Dialogebene« (ebd., S. 143). Ein weiterer Grund kann in einer modifizierten politischen Haltung des Autors liegen. Für das bis 1930 entstandene Werk war er von der Notwendigkeit einer Ablösung der bestehenden Gesellschaftsordnung überzeugt und ging von einer kapitalismuskritischen Einstellung aus, die einer marxistischen und revolutionären Position sehr nahe kam, ohne mit ihr gleichgesetzt werden zu können. In diesen frühen Werken wird die »Furcht vor dem existenzbedrohenden Arbeitsplatzverlust und das Massenphänomen der Erwerbslosigkeit in verschiedenen Konstellationen« thematisiert (Schnitzler 1990, S. 27). Alfred hingegen ist kein ›Arbeitsloser‹; eine Schichtzuordnung scheint wegen seiner oszillierenden sozialen Masken sinnlos zu sein. Begriffe wie: Vertreter des ›falschen Mittelstands‹ (Dahrendorf), ›Früchterl vom Land‹, schon ein wenig ›Neureicher‹ und gleichzeitig Deklassierter, »Rennplatzkapazität« (108), Lumpenprolet, ›Bodensatz‹ sollen denn auch nicht so sehr seinen eigenen ›gesichtslosen‹ Status bezeichnen, sondern ahnen lassen, in welchen sozialen Sphären sich sein Charme und seine Brutalität bewegen können.

In den *Geschichten aus dem Wiener Wald* (und ebenso in der Endfassung von *Kasimir und Karoline*) bietet der Dichter keine gesellschaftspolitischen Alternativen mehr an. Es finden sich keine Mitglieder linker Parteien, die Wege aus der Misere aufzeigen könnten. Der »radikale Sozialist« Schminke (BS, S. 216) aus den Vorstufen zu den *Geschichten* wird ebenso eliminiert wie der politisch bewusste Emil aus den Entwürfen zu *Kasimir und Karoline*.

Es erhebt sich dabei die Frage, in welchem Ausmaß Horváth die im Stück zweimal erwähnte »Krise« (103 und 144), das im Hintergrund immer mitzudenkende ökonomische Elend, für die Herzlosigkeit und den Egoismus der Figuren des Stücks noch verantwortlich machen will. Ist deren Rücksichtslosigkeit für den Autor gesellschaftlich bedingt oder ist deren wirtschaftliche Lage nur als Folie für eine moralisierende Demonstration menschlicher Unzulänglichkeiten zu sehen? Die Position Horváths scheint sich während der Arbeit an der Endfassung der *Geschichten* mit der sachlich-skeptischen, aber nicht resignierenden Haltung zu decken, die Schürzinger in *Kasimir und Karoline* ausspricht:

»Die Menschen sind weder gut noch böse. Allerdings werden sie durch unser heutiges wirtschaftliches System gezwungen, egoistischer zu sein, als sie es eigentlich wären, da sie doch schließlich vegetieren müssen.« (GW 5,14)

1.4 Parallelen – Ähnlichkeiten – Einflüsse

Wendelin Schmidt-Dengler (1981, S. 57ff.) hat für die *Geschichten* nach Parallelen im trivialen Roman der Zwanziger Jahre gesucht. Um Missverständnissen vorzubeugen, merkt er an, es gehe nicht darum, Horváths Abhängigkeit von diesem aufzuzeigen, sondern die Verwandtschaft in Bezug auf Personeninventar und Handlungsführung. Gerade die frappierenden äußerlichen Übereinstimmungen machen den literarischen Wert des Dramas noch deutlicher sichtbar: Was im Trivialroman kolportageartige und naive Gestaltung bleibt, wird in Horváths Stück in künstlerischer Absicht transformiert. Durch seine kritische Intention und seine Komplexität entlarvt es jene Werke mit äußerlich ähnlicher *story* als banal, sie werden der »Trivialität überführt« (ebd., S. 65). Da einige Trivialromane verfilmt wurden und Horváth ein leidenschaftlicher Kinogänger war (sich auch triviale Filme nicht entgehen ließ), ist anzunehmen, dass er manche davon kannte. Besonders in Felix Dörmanns (1870 – 1928) Roman *Jazz* (1925) finden sich Parallelen, in geringerem Maß auch in Joe Lederers (geb. 1907) und in Hugo Bettauers (1872 – 1925) Romanen. Am auffälligsten ist die äußere Ähnlichkeit mit Margarethe Böhmes schon 1905 erschienenem Millionenbestseller *Das Tagebuch einer Verlorenen*. In diesem Roman gerät ein junges Mädchen an einen charmanten Mann von zweifelhaftem Charakter, ein angeblich typisches Produkt seiner Zeit, der das emanzipationswillige aber naive Mädchen verführt. Die Emanzipation erweist sich jedoch als trügerische Hoffnung (wobei in der Darstellung des Scheiterns wohl auf die Schadenfreude des kleinbürgerlichen Lesepublikums spekuliert wird). Der rührselig-verlogene Schluss besteht dann etwa darin, dass Thymiane (Hauptfigur in Böhmes Roman) einen Grafen kennen lernt und Mitglied eines vornehmen Komitees zur Rettung gefährdeter Mädchen wird. Das *Tagebuch* wurde zweimal verfilmt: von Richard Oswald (1918) und von G. W. Pabst (1929). In Pabsts Verfilmung wird versucht, das Klischeehafte der Handlung mit filmischen Mitteln zu überhöhen.

Robert Beardsworth (1991, S. 10ff.) hat auf das ironische ›Unterlaufen‹ (*subversion*) des archetypischen Volksmärchen-Schemas bei Horváth hingewiesen. (Horváth war ein begeisterter Märchenleser!) Die ländlich-feudalen Verhältnisse vor allem der Märchen *Rotkäppchen, Dornröschen* und *Die Schöne und das Biest* würden dabei auf kleinbürgerlich-städtische Verhältnisse transponiert. Marianne, Tochter eines herabgekommenen Königs, unschuldig und naiv, verbringt ihr Leben mit niederer Hausarbeit. Sie wird von ihrem Vater an Oskar, den Herrscher des erfolgreicheren Nachbarreiches, ›verschachert‹, wird jedoch von Alfred vom rechten Weg abgelenkt und – wie Rotkäppchen in der mündlichen, vorliterarischen, für Erwachsene bestimmten Version dieses Märchens – vom Wolf tatsächlich verführt. Durch einen Trick gelingt es ihr zwar zu entkommen, doch fällt sie der sozialen Ächtung anheim. Sie muss große Geduld aufbringen, als ihr ein menschenfressendes ›Monster‹ (*ogress*) das Kind wegnimmt. Im Märchen wird ihre Sanftmut (*docility*) schließlich belohnt, als ein Prinz erscheint und sie wieder in die Gesellschaft aufgenommen wird. Während jedoch im Märchen ›Sanftmut‹ durch wiedergefundene soziale Achtung belohnt wird, ist es in Horváths Stück eine ›Sanftmut‹ aus verzweifelter Resignation, als das Kind von der Märchenhex, vom ›Monster‹, ermordet worden und Marianne gezwungen ist, in das patriarchalische Heim und zum ›Tier‹ (*beast*) zurückzukehren. Im Laufe der Handlung des Märchens erwies sich das ›Tier‹ als umso grausamer und bösartiger, je mehr Macht es über das gezähmte Mädchen hatte. In Horváths Stück ist diese Macht endgültig – es ist also nicht ›wie im Märchen‹.

Dass Karl Kraus (1874 – 1936) und Horváth miteinander bekannt wurden oder sich gegenseitig beeinflussten, kann mit »hoher Wahrscheinlichkeit« (Melzer 1976, S. 22) ausgeschlossen werden. Das Vorhaben, in der Prosa der beiden Autoren Analogien zu finden, wäre ein geradezu abwegiges Unterfangen. Anders verhält es sich mit dem dramatischen Werk. Bereits bei oberflächlicher Betrachtung müssen Gemeinsamkeiten auffallen: die bevorzugte Darstellung kleinbürgerlicher Mentalität, das Aufdecken der hinter einer sentimentalen und larmoyanten ›Maske‹ lauernden Brutalität, der eng an umgangssprachliche Redensweisen angelehnte, dabei aber höchst artifizielle Dialog, in den Zitate montiert werden (bei Horváth dem ›Gerede‹ entnommen; bei Kraus vor allem auch durch Pressemeldungen und amtliche Mitteilungen angereichert).

Der Einfluss August Strindbergs (1849 – 1912) lässt sich an Horváths Biografie direkt belegen: Horváth besuchte während seines Studiums in München eine Vorlesung »Ibsen – Bjørnson – Strindberg« bei Artur Kutscher. Bereits Alfred Kerr hatte passim in der Rezension zur Uraufführung vermerkt, dass Horváth »Strindberg österreichisch nachholt« (zit. nach: Mat GWW, S. 177). Er bezieht sich hier auf die Figur des Rittmeisters, in der er die Metamorphose des Offiziers aus Strindbergs *Traumspiel* (*Ett drömspell*, 1902) sieht. Wie der Rittmeister ständig nach der Ziehungsliste verlangt, so ruft der »schwedische Herr mit dem Rosenstrauß jedesmal ›Viktoria‹« (ebd.). Der Einfluss ist insgesamt als ›epische‹ Reihung der Szenen, als nie ganz geheures Kommen und Gehen der Figuren, als das latent Traumhafte und Unheimliche des Geschehens festzustellen. Besonders auch die ›traumartigen‹ Figuren-Dopplungen, Spaltungen und Auffächerungen, wie sie für den Traum und das *Traumspiel* so typisch sind, sind in den *Geschichten* vorhanden.

Strindberg schreibt, er habe in seinem *Traumspiel* versucht, die »unzusammenhängende, aber scheinbar logische Form des Traums nachzubilden« (August Strindberg, Meisterdramen. München 1981, S. 311), und spricht an anderer Stelle vom »scheinbaren Sammelsurium des Traums« (ebd., S. 428). Dabei stünde jedoch über der »sprunghaft fortschreitenden Erzählung« (ebd., S. 311) des Dramas, dieses ebenfalls ›scheinbaren‹ Sammelsuriums, eine berichtende und ordnende Instanz, nämlich das Bewusstsein des Träumers. Dieses »als unsichtbarer Marionettenspieler immer mitzudenkende epische Ich« (Gamper 1988, S. 54) wirkt sich in den Stücken Horváths – der sich als »dramatischer Chronist (GW 11, 241) sah – als die Instanz aus, die das Geschehen »über die Köpfe der Figuren hinweg« deutet und kommentiert (Gamper, ebd.): durch Symbolketten, durch verbale und musikalische Leitmotive und Anspielungen, durch ›Komposition‹ und atmosphärische Verkettung der Szenen, Dialoge und Dialogteile. In Strindbergs Worten: Die scheinbar lose, unzusammenhängende Form seines Dramas erweise sich »bei schärferer Betrachtung« als ziemlich fest, als »eine Symphonie, polyphon, hier und da als Fuge gestaltet durch Wiederkehr des Hauptmotivs, das in allen Tonarten wiederholt und variiert wird« (Strindberg, a.a.O., S. 428). Strindbergs Anmerkungen zur Schlussszene des *Traumspiels* lesen sich wie eine abstrakt-präzise Analyse des ›komponierten‹ Schlussbildes der *Geschichten*, der ›Todesstunde‹ Mariannes: »In der Opferszene des Finales zieht all das Vergangene vorbei, die Motive werden noch einmal zusammengefasst, so wie das Leben mit allen seinen Einzelheiten in der Todesstunde« (ebd.).

1.5 Horváths gesellschaftskritisches Volksstück

Horváths ›neues‹, gesellschaftskritisches Volksstück hat nichts gemein mit der »sentimentalen, lokalidyllischen und irrationalen Grundtendenz des trivialen Volksstücks, das die tatsächlichen Probleme und Konflikte des Volkes entweder verdeckt oder aber ins Mystische wendet« (Eckhardt 1988, S. 198). Horváth hat eine Erneuerung des Genres erreicht, hat ihm den kritischen Impetus wieder gewonnen, den man ihm in zahlreichen Aufgüssen ausgelaugt hatte. Sein Volksstück opponiert gegen die affirmative Idylle und Harmonie wie auch gegen den billigen Klamauk des traditionellen Genres, das Bert Brecht in den *Anmerkungen zum Volksstück* (1940) so charakterisierte:

»Das Volksstück ist für gewöhnlich krudes und anspruchsloses Theater, und die gelehrte Ästhetik schweigt es tot oder behandelt es herablassend. Im letzteren Fall wünscht sie es sich nicht anders, als es ist, so wie gewisse Regimes sich ihr Volk wünschen: krud und anspruchslos. Da gibt es derbe Späße, gemischt mit Rührseligkeiten, da ist hanebüchene Moral und billige Sexualität.« (Gesammelte Werke, Bd. 17. Frankfurt/M. 1967, S. 1162)

Brecht stellt sich die Frage, wie ein ›neues‹ Volksstück aussehen könnte, und meint, es solle sich an der literarischen Revue mit ihren lose miteinander verknüpften Sketches orientieren, »müsste jedoch mehr epische Substanz bieten und realistischer sein«. Er stellt sich einen Stil der Darstellung vor, »der zugleich artistisch und natürlich ist« (ebd.). In Hinblick auf die Art der Präsentation forderte Horváth 1932 ganz ähnlich wie Brecht: »Selbstverständlich müssen die Stücke stilisiert gespielt werden, Naturalismus und Realismus bringen sie um – denn dann werden es Milljöhbilder« (GW 11, 220).

Bei seinem ersten von ihm selbst explizit als »Volksstück« bezeichneten Werk, *Revolte auf der Côte 3018* bzw. mit späterem Titel *Die Bergbahn*, handelt es sich um ein antikapitalistisches Drama, in dem der Dichter versucht, die bürgerlich-liberale Aufklärungstendenz der alten (noch nicht trivialisierten) Volksstückform durch eine neue Thematik zu aktualisieren – durch die Darstellung des Kampfes zwischen Kapital und Arbeitskraft: »Die Ohnmacht der Arbeiter gegenüber der Baugesellschaft setzt Horváth parallel zur Ohnmacht gegenüber den Naturgewalten«; die Natur steht nicht mehr im Einklang »mit der Vitalität einer Landbevölkerung, die sich ein unkompliziertes und goldiges Gemüt bewahrt hat, sie donnert nicht den meineidischen Erbschleicher in den Abgrund, sondern wird zur Metapher der Gewalt« (Doppler 1976, S. 14). Horváth hat später selbst in Zusammenhang mit diesem Stück sein dramatisches Schaffen in die Tradition des Volksstücks eingeordnet und dazu bemerkt:

»Natürlich gebrauchte ich diese Bezeichnung nicht willkürlich [...], sondern deshalb weil mir so etwas wie eine Fortsetzung, Erneuerung des alten Volksstücks vorgeschwebt ist – also eines Stückes, in dem Probleme auf eine möglichst volkstümliche Art behandelt und gestaltet werden, Fragen des Volkes, seine einfachen Sorgen, durch die Augen des Volkes gesehen.« (GW 11, 218)

Er möchte damit das Ziel verbinden, »ein wahrhaftiges Volkstheater aufzubauen, das an die Instinkte und nicht an den Intellekt des Volkes appelliert« (ebd.).

Über die literaturwissenschaftliche Brauchbarkeit der Horváth'schen Selbsteinschätzung ist mit Recht viel diskutiert worden (s. etwa Wapnewski 1978, S. 19; Doppler 1976, S. 19; Eckhardt 1988, S. 197ff.). Die Bezugnahme auf die »einfachen Sorgen« des Volkes sowie die antiintellektuelle Formulierung in dieser Definition sind insofern unglücklich, als so auch die triviale Form des Volksstücks charakterisiert werden könnte. Horváths theoretische Äußerungen werden hier seiner innovativen, ja revolutionären Gestaltungsweise und Praxis nicht gerecht, sie scheinen sie sogar zu unterschätzen oder zu verharmlosen. Horváths Stücke haben eben nichts gemein mit der Art von rührseligen Volksstücken, in denen die Probleme und Konflikte des Volkes verdeckt oder verklärt werden: »Sie stehen vielmehr in der aufklärerischen Tradition eines Volkstheaters, das aufgrund einer Parteinahme für die unterdrückten Menschen letztlich Gesellschaftskritik zum Ziel hat« (Eckhardt 1988, S. 198). Doppler (1976, S. 19) nimmt den Dichter gleichsam vor seinen eigenen Formulierungen in ›Schutz‹: »Horváths Stücke sind Stücke über das Volk, wie es sich selbst nicht sieht und nicht sehen will.«

Neben der Bedeutung der neuartigen szenischen Verfahrensweisen und der dialogischen Struktur liegt das Besondere der Horváth'schen Volksstücke in der »Uminstrumentierung« und im »Funktionswechsel« von vertrauten Elementen:

»Feste und Feiern als Veranstaltungen, bei denen die Leute zusammenkommen, um sich zu unterhalten, offenbaren im Gerede Entfremdung und Einsamkeit; Heirat und Verlobung zeigen nicht das glückliche Ende des Bühnenvorganges an, sondern besiegeln das Unheil; [...] trostreiche Naturidyllen wandeln sich zu bösen Idyllen romantischer Verlogenheit und Heuchelei, wie es z.B. die Szenenreihe ›Draußen in der Wachau‹ offenbart.« (Doppler 1976, S. 17f.)

In der sozialen und ökonomischen Verankerung der Figuren und in deren damit verbundenen Sprache lässt sich nach der *Bergbahn* eine wesentliche Akzentverlagerung der Horváth'schen Volksstücke feststellen, die mit den *Geschichten aus dem Wiener Wald* ihren Abschluss findet: Die Personen in der *Bergbahn* waren bayrischen Dialekt sprechende Arbeiter, die Figuren der *Geschichten* gehören großteils dem Mittelstand an und sprechen den »Bildungsjargon«, diese ganz spezifische Horváth-Sprache.

2 Wort- und Sachkommentar

Die Angaben beziehen sich auf die in Paginierung identischen Editionen st 1054 und st 2370. Ausführliche und genaue Erläuterungen sind im Anhang (S. 211ff.) dieser Ausgaben enthalten; auf sie wird hier mit einem vorangestellten S. (für Seite) hingewiesen. Im vorliegenden Kommentar finden Austriazismen und Wiener Institutionen nur Berücksichtigung, soweit sie in der definitiven Fassung, dem »Volksstück in drei Teilen« (101–207), vorkommen.

101 *Nichts gibt so sehr das Gefühl der Unendlichkeit als wie die Dummheit*: Dieses in frühen Interpretationen gelegentlich dem österreichischen Dichter Johann Nepomuk Nestroy (1801–1862) zugeschriebene Motto des Stücks ist eine Formulierung Horváths (*als wie* ist ein Austriazismus).

102 *in unseren Tagen*: gemeint ist die Zeit 1930/31. – *Wiener Wald* (Horváth scheint hier bewusst die verfremdende Getrenntschreibung zu verwenden): idyllisches, waldiges Hügelland westlich und südwestlich von Wien; im Wiener Stadtgebiet beginnend, wird es von Tullner Feld, Wiener Becken und Gölzen-Triesting-Tal begrenzt. – *Wachau*: landschaftlich überaus reizvolle Engstrecke der Donau, zwischen Melk und Krems in Niederösterreich.

Erster Teil

103 *Burgruine*: Sofern man eine ›naturalistische‹ Zuordnung überhaupt vornehmen will: Der Schauplatz ist nicht die im Tullner Feld gelegene Ruine Greifenstein (S. 212), sondern mit größter Wahrscheinlichkeit die Ruine Dürnstein in der Wachau, 86 Bahnkilometer von Wien entfernt. – *Herrn von Hierlinger*: Das »von« ist hier keineswegs ein Adelsprädikat, was einige Übersetzer des Textes annahmen und sie dazu verleitete, aus der Figur einen Baron zu machen (mit Monokel in der schwedischen Inszenierung!), sondern eine in der Wiener und österreichischen Umgangssprache devote Anrede – heute allerdings veraltet oder auch leicht ironisch-spöttisch. Vgl. auch die ebenfalls nur unterwürfig aufzufassende Anrede »Der gnädige Herr von Hierlinger« (152) durch den Bediensteten, den ›Dienstbot‹, in II/4. Die ausdrückliche Verwendung des definitiven Artikels sowie die Voranstellung des Familiennamens »Der Hierlinger Ferdinand« im Personenverzeichnis (102) und durchgehend im Text weist eher auf proletarische Herkunft der Figur hin. Die einfache Herkunft wird auch deutlich, als ihn Alfred zweimal (103 und 106) einfach als seinen Freund vorstellt – ohne ›von‹. Vgl. auch die ähnliche Bezeichnung »Der Merkl Franz« in »Kasimir und Karoline«.

104 *zum Antragen*: österr. (veraltet) für ›auftischen‹, ›(bei Tisch) auftragen‹.

105 *Gusto*: österr. ugs. für ›Appetit‹.

108 *Larifari*: ugs. für ›Geschwätz‹, ›Unsinn‹. – *Ministerialdirigenten*: ›Leiter einer Abteilung innerhalb eines Ministeriums‹ (S. 214), ein »Dienstgrad« und eine »Besoldungsstufe« also, die um einiges höher liegen als der »*Kanzleiobersekretär*«.

109 *derangiert*: ugs. (veraltet) für ›verwirrt‹, ›zerzaust‹.

110 *achte[r] Bezirk*: Im 8. Wiener Gemeindebezirk (Josefstadt) wohnt das alteingesessene Wiener Bürgertum. – *Fleischhauerei*: österr. für ›Fleischerei‹. – *Trafik*: in Ö. gebräuchlich für einen Tabak- und Zeitschriftenladen (vom arab. Verb ›tafrik‹ ›verteilen‹, das über ital. ›traffico‹ ›Handel‹ nach Ö. kam).

111 *Zusammenbruch*: Gemeint ist der Z. der Österreichisch-Ungarischen Monarchie (1918). – *herumtransferiert*: österr. ugs. für ›aus dienstlichen Gründen versetzt‹. – *Ihr armes Mutterl selig*: Die Nachstellung des Adjektivattributs ist im festen euphemisti-

schen und ›sentimentalen‹ Syntagma möglich (heute veraltet; vgl. gleiche oder ähnliche Wendungen: 116, 126, 131, 185). – *da hatte sie unser Herrgott erlöst:* Das Gestelzte und Leere des Totengedenkens wird hier auch durch das in der süddt. Umgangssprache absolut unübliche Plusquamperfekt markiert.

114 *Nachtkastl*: ugs. zu ›Nachtkästchen‹ (›Nachttisch‹).

115 *Dienstbot*: süddt. (veraltet) auch für ›Bediensteter‹, ›Knecht‹, und trotz des Genus auch für ›Dienstmädchen‹, ›Magd‹; in diesen Bedeutungen in der Umgangssprache mit starker Flexion.

116 *Bussi* (von mhd. buss): bair.-österr. für ›Kuss‹.

118 *Benehmität*: scherzhaft-»vornehme« Neubildung für ›Benehmen‹.

119 *Pupperl*: a) süddt. ›kleine Puppe‹, ›Püppchen‹ b) (ugs. salopp) ›Mädchen‹; obwohl Alfred die erste Bedeutung ›meint‹, schwingt in seiner Ausrede ungewollt die zweite mit.

121 *maßen*: veraltet für ›weil‹. – *Da capo!*: ital. ›Wiederholen!‹

122 *das ist der Chimborasso* (südamerikanischer Berg): österr. ugs. Redensart für: ›das ist der Gipfel!‹.

123 *Ich hatte [...]. Wir hatten uns [...] unterhalten*: Die Verwendung der in der österr. Umgangssprache nicht vorkommenden Tempora markieren Erich als »Preußen«.

130 *Vegetarianer*: scherzhaft für ›Vegetarier‹ (hier als Schimpfwort). – *Hallodri*: bayr. und österr. für: ›ausgelassener und stets zu Unfug aufgelegter Bursche‹ (vielleicht von der stereotypen Jodlerzeile: »hallodrioh« oder »hollodero«, vgl. im Text 177 unten).

133 *ladet* [in der Regieanweisung!]: österr.-süddt. für ›lädt‹. – *Jus*: in Ö. und der Schweiz gebräuchlicher Ausdruck für ›Jura‹; Erich scheint gemerkt zu haben, dass er mit dem Wort ›Jura‹ in Ö. auffällt, und vermeidet es deshalb. – *süße Wiener Maderln*: Der Begriff des »süßen Wiener Mädels« ist durch Arthur Schnitzlers (1862 – 1931) Szene ›Weihnachtseinkäufe‹ (1891) innerhalb des Einakterzyklus »Anatol« und aus dem Schauspiel »Liebelei« (1895) bekannt geworden.

135 *der lieben Tante ihr Reisegrammophon*: ugs. Possessivkonstruktion, vor allem im süddeutschen Raum (hier ironisch in der Regieanweisung!). – *Ich wusste es*: Da in der österr. Umgangssprache das Präteritum fast völlig fehlt, ist der ›gehobene‹ Ton hier besonders auffällig – und der Gegensatz zur später folgenden unpreziösen Formulierung Mariannes: *Ich habs gewußt* überdeutlich!

136 *Ich laß mich verbrennen*: als Zeichen antiklerikaler Haltung.

138 *Bist daneben?*: österr. ugs. für ›Bist du verrückt?‹ – *Krach in die Melon!*: Ausdruck der Empörung (heute nicht mehr gebräuchlich).

Zweiter Teil

141 *ist sich auf und davon*: ›hat sich davongemacht‹; typische Reflexivkonstruktion der Wiener Umgangssprache, hier mit stark pejorativer und ordinärer Konnotation (vgl. auch Anm. zu 156).

143 *achtzehnte[r] Bezirk*: Der 18. Wiener Gemeindebezirk (Währing) ist eine vornehme Wohngegend; das Billige des Untermietszimmers wird damit kontrastiert. – *verschleiß[en]*: österr. auch für, ›(im Kleinhandel) verkaufen‹.

145 *hundertperzentig*: österr. (veraltet) für ›hundertprozentig‹.

147 *zweite[r] Bezirk*: 2. Wiener Gemeindebezirk (Leopoldstadt). – *buserieren*: österr. Fachsprache des Billard: ›der Kugel einen heftigen Stoß versetzen‹.

148 *Donna*: ital. ›Frau‹, ›Donna‹ (Titel vornehmer und adeliger Damen); hier: scherzhaft-ironisch für ›Geliebte‹. – *das wär deine Donna*: sog. »bayrischer Höflichkeitskonjunktiv«, den der devote Sprecher – durch die Verwendung des Irrealis sich gleichsam für seine Information oder Feststellung entschuldigend – für einen realen Sachverhalt verwendet; vgl. Anm. zu 153.

151 *leg den Schwarzen für mich aus*: Der »Schwarze« ist in Ö. unter den verschiedenen Kaffeesorten ein Kaffee ohne Milch; »auslegen« hier im Sinne von ›einstweilen bezahlen‹.

152 *avisier[en]*: ankündigen.

153 *das wäre also das Fräulein*: sog. »bayr. Höflichkeitskonjunktiv«; im Kontext markiert die Verwendung der Konstruktion auch das besondere, versteckt-lauernde Interesse der mädchenhandelnden Baronin (vgl. auch Anm. zu 148).

156 *Lebt sich da in wilder Ehe zusammen*: typisch Wienerische Reflexivkonstruktion (entstanden durch slawisches Adstrat); im Kontext ist der ordinäre, vorwurfsvolle Unterton nicht zu überhören. (vgl. Anm. zu 141)

157 *Haderlump*: österr. für ›liederlicher Mensch‹, ›Taugenichts‹.

158 *schlampert*: österr. ugs. für ›schlampig‹.

161 *Bams*: leicht ironisch bis pejorativ für ›Kind‹, ›Kleinkind‹; wahrscheinlich eine Kurzform von ›Bamperletsch‹, einem Wort mit ungefähr gleicher Konnotation, das auf ital. ›bamboleccio‹, eine dialektale Vergröberungs-/Vergrößerungsform von ›bambino‹ zurückgeht. – *Memphis*: österr. Zigarettensorte.

162 *Sarajevo*: Hauptstadt Bosniens; die Ermordung des österreichischen Thronfolgers Franz Ferdinand durch serbische Nationalisten in Sarajevo löste den Ersten Weltkrieg aus.

163 *Draußen im Wald!*: antipreußisches Klischee des Alt-Österreichers, das als Ausgangspunkt den im Vergleich zum Adel der Hohenzollern älteren Adel der Habsburger nimmt.

164 *Herrn Baron*: hier ironische Anrede Alfreds.

165 *Pferdchen*: Obwohl auf denotativer Ebene die Wett-Pferde Alfreds – der »Rennplatzkapazität« (108) – bezeichnet werden, schwingt doch die Konnotation der ›Prostituierten‹ mit; denn der Wiener Zuhälter vergleicht sich gerne mit einem Rennstallbesitzer und »läßt seine Pferderln rennen (die in diesem Fall immer mit t ausgesprochen werden: Pferterln)« (Wehle 1980, S. 227). Vgl. in diesem Zusammenhang auch die nur hingestreute Bemerkung Alfreds: »aus moralischen Gründen« (199) wäre Marianne gegen seine Tätigkeit. – *dischkur[r]ier[en]*: österr. ugs. (veraltet) für ›sich unterhalten‹, ›diskutieren‹.

169 *Bürgerschul*: »In Österreich schloss sich an die vierklassige Volksschule die vierklassige Bürgerschule an, die durch Gesetz vom 2. 8. 1927 von der Hauptschule [...] abgelöst wurde. Umgangsspr. wurde der Begriff ›Bürgerschule‹ noch bis nach dem 2. Weltkrieg gebraucht« (S. 235).

Dritter Teil

170 *Schrammelmusik*: volkstümliche Wiener Musik (zwei Geigen, Gitarre und Ziehharmonika), benannt nach den Begründern, den Gebrüdern Johann (1850–1893) und Josef Schrammel (1852–1895). – *Nußdorf*: neben Grinzing und Sievering der berühmteste Heurigenort Wiens, gehört zum 19. Wiener Gemeindebezirk. – *Hetz*: ›gute Stimmung‹, ›Belustigung‹; »Kaiser Karl VI. führte aus Spanien die Tierhetzerei ein, die zu Volksfesten wurden« (Wehle 1980, S. 166). Die Bedeutungsverschiebung von ›Tierhetze‹ zu ›Spaß‹ mag auch für den Sozialcharakter des Wieners aufschlussreich sein. – *Gstanz*: ›Hetz‹, ›Gaudi‹, ›Spaß‹. Das Wort kennen alle von Wehle (1980, S. 152) dazu Befragten nur aus dem vorliegenden Lied: »Der Verdacht, dass das Wort Gstanz nur als Notreim auf Tanz erfunden wurde, kann nicht ganz von der Hand gewiesen werden; wenn es das Wort jemals gab, ist es heute jedenfalls verschwunden.« Möglich wäre als Kollektivum folgende Ableitung: Singen von ›Gstanzeln‹, das sind meist improvisierte Kurzlieder lustigen bis derben Inhalts mit einem Kehrreim (vgl. die Reimform der ›Stanze‹). – *ferme Tanz* (in den Ausgaben st 1054 und st 2370

verderbt als »ferne« Tanz): ›kräftige Tänze‹, von ital. ›fermo‹ : ›fest‹, ›beständig‹. – *fesch*: ugs. für ›flott‹, ›schneidig‹. – *Schwomma*: ma. für ›Schwamm‹ (Pilz) als Bezeichnung für den ›Schwips‹.

171 *Putten* (auch: die Butt[e]n; fem., Pl. *und* Sg.; vgl. standarddeutsch die ›Bütte‹): süddt. für ›oben offenes, zum Tragen von Flüssigkeiten verwendetes Gefäß‹. Im Kontext als anzüglicher Vergleich für ›Busen‹ mit dem tertium comparationis: ›das, was man am Körper trägt und was mit Flüssigkeit – etwa mit Milch – gefüllt ist‹. »Hand von der Buttn« war früher auch eine in der süddt. Umgangssprache (ohne Nebensinn wie hier) verwendete Redensart für ›Hände weg!‹. (Die auf S. 236 vorgeschlagene Ableitung von ital. ›putti‹ ist ganz sicher auszuschließen.) – *Waserl*: österr. ugs. für ›kleinlauter, schüchterner Mensch‹ (eigentlich Diminutiv zu ›Waise‹).

176 *wana*: ma. für ›weinen‹. – *[es regnet] Schusterbuben*: österr. Redensart für besonders heftigen Regen. – *Plafond*: österr. für ›Zimmerdecke‹. – *Moulin-bleu*: indirekte Anspielung auf das Moulin Rouge (Nachtlokale in Paris und in Wien). – *Maxim*: bekanntes Nachtlokal in Wien.

177 *Mizzi*: wienerische Kurzfom für ›Maria‹. – *Jean*: (frz.) Johann; in Alt-Wiener Aussprache [~~sch~~a:n], d.h. es reimt mit ›drahn‹. – *drahn*: österr. ma. u. ugs. für ›die Nacht durchdrehen‹, ›sich die Nacht um die Ohren schlagen‹, ›sich betrinken‹. – *Brady*: in der Vorkriegszeit bekanntes Wiener Tanzlokal. – *gibts ka Geniern*: ›gibt es (für uns) keine Hemmungen mehr‹.

179 *Kruzitürken*: entweder euphemistische Verballhornung des Fluchs ›Kruzifix!‹ oder abgeleitet vom zornigen Ausruf ›Kuruzzen und Türken!‹

188 *Trabrennplatz*: im 2. Bezirk gelegen, der auch für andere »Pferdchen« bekannt ist (s. Anm. zu 165).

190 *hin [sein]*: ugs. für ›tot sein‹; ursprünglich ein Euphemismus, wird es später vorwiegend für Tiere verwendet, und in der Anwendung auf den Menschen ergibt sich dann eine derb-menschenverachtende Konnotation; so auch hier; (vgl. auch Anm. zu 205).

191 *eingekastelt*: ugs. für ›eingesperrt‹, ›inhaftiert‹. – *geärgert auf mich*: veraltet-vornehm für ›böse auf mich‹. – *die wo* (österr. eher: die wos [= die was]): bayrisches Relativpronomen.

192 *besser als wie*: Austriazismus für ›besser als‹ (vgl. Anm. zu 101; dort im nicht komparativen Sinn).

194 *Hascherl*: bair.-österr. ugs. für ›bedauernswertes Kind‹, ›bedauernswerter Mensch‹.

196 *Schlagerl*: österr. ugs. Diminutiv für ›Schlaganfall‹ (= Apoplexie oder Herzinfarkt; Letzteres ist hier gemeint).

198 *Wenn ihr Mannsbilder nur wieder zusammenhelft!*: In dieser Ellipse ist etwa ein ironisch-vorwurfsvolles: »dann ist ja alles in Ordnung« zu ergänzen.

199 *trotzdem*: Austriazismus für ›obwohl‹. – *danebengelungen*: Ad-hoc-Bildung Alfreds.

200 *Stöberei*: landschftl. auch für ›Großreinemachen‹.

204 *Schlampen*: ugs. für ›Frau von zweifelhaftem Ruf‹; hier: ›Mädchen oder Frau unehelicher Herkunft‹.

205 *Hin ist er*: das derbe ›hin‹ konnotiert hier das Entsetzen Valeries (vgl. auch Anm. zu 190).

3 Struktur des Textes

3.1 Zum Inhalt

Marianne, Tochter eines *Zauberkönigs* (Besitzer eines Spiel- und Scherzwarengeschäftes), soll auf Drängen ihres Vaters den biederen, aber versteckt brutalen Fleischhauer (Metzger) *Oskar* heiraten. Dieser verspricht zwar ein sicheres Auskommen, doch Marianne kann ihre Abneigung ihm gegenüber nur notdürftig verbergen. Um Versorgung geht es auch *Alfred*, einem charmanten Tunichtgut, der auf Rennplätzen spekuliert und sich von *Valerie*, einer verwitweten Trafikantin (Besitzerin eines Tabakladens), aushalten lässt. Bei ihrer Verlobungsfeier verliebt sich Marianne in Alfred und lässt die Verlobung mit Oskar platzen. Alfred ist mehr an einem Abenteuer interessiert, lässt sich jedoch von Marianne in eine Befreierrolle hineinmanövrieren, für die er denkbar ungeeignet ist. ›Prinzipiell‹ möchte er eine Verlobung nicht zerstören, doch will er sich das Abenteuer nicht entgehen lassen. Die beiden gestehen sich in pathetischen Schwüren ihre Liebe, und Marianne, die vom großen Glück träumt, sagt sich von ihrer Umwelt los.

Ein Jahr später ist ein Baby da und das Paar lebt in einem schäbigen Untermietszimmer. Alfred will das Kind zu seiner *Mutter* und *Großmutter* in die Wachau abschieben. Ein Freund Alfreds, der brutale *Hierlinger Ferdinand*, weiß auch einen Ausweg für Alfred, der Marianne loswerden möchte. Der Hierlinger kennt eine mädchenhandelnde *Baronin*. So wird Marianne schließlich Posiermädchen in einem Nachtlokal. Sensation des Stücks (keineswegs Höhepunkt, sondern nur Teil einer Kette seelischer und körperlicher Erniedrigungen) ist, dass Marianne in diesem Lokal in Gestalt einer nackten Badenixe als Allegorie des Glücks auftreten muss. Der Zauberkönig besucht mit seinen Freunden nach dem Heurigen den Nachtklub und ist in seiner Scheinheiligkeit empört, als er dort die nackte Marianne erblickt. Er bemitleidet sich und sieht die ›Schande‹, die ihm Marianne ›antut‹, kann aber nicht wahrhaben, dass er mitschuldig an ihrem Schicksal ist, da er ihr keine Ausbildung hat zukommen lassen und sie nach der geplatzten Verlobung verstoßen hat. Als die an ihrer Lage verzweifelnde Marianne beschuldigt wird, einen Diebstahl begangen zu haben, kommt sie in Untersuchungshaft. Die Großmutter bringt in der Zwischenzeit auf heimtückische Weise das Kind um, indem sie es der Zugluft aussetzt.

Am Schluss kommt es in Form einer ›Kettenreaktion‹ zur Versöhnung aller: Der Vater verzeiht aus halb eingestandenen wirtschaftlichen Motiven seiner Tochter, Alfred kehrt zu seiner alten Freundin Valerie zurück, und der ›gefühlvolle‹ Oskar kann nun endlich seine Marianne wie ein Schlachtopfer heimholen, denn der sichtbare Makel, das Kind, ist ja nicht mehr da. Ein Ende, aus dem es kein ›Entgehen‹ gibt, und als ob nichts geschehen wäre. »[...] *in der Luft ist ein Klingen und Singen, als spielte ein himmlisches Streichorchester die ›Geschichten aus dem Wiener Wald‹ von Johann Strauß*«.

Diese vom Archetypisch-Märchenhaften bis ins Kolportagehafte reichende Simplizität der Handlung hat Volker Klotz zur pointierten Feststellung geführt, das Fehlen einer Fabel (*plot*) könne nur ein »interpretatorischer Gewaltakt« beklagen und ›beheben‹. Diese ›Pseudo-Dreiecksgeschichte‹ wäre »für sich« genommen nur als »Persiflage einer dramatischen Fabel« zu verkraften:

»[...] was geschieht, folgt keinem roten Faden [...] Man würde [...] vergeblich forschen nach einer durchkonstruierten Fabel – und sei sie noch so mühsam verschraubt wie im alten Volksstück –, nach einer Fabel, die schlüssig eine Phase aus der anderen entwickelt.« (Klotz 1971, S. 4)

Die Transformation der *story* erfolgt durch die höchst innovativen szenischen und sprachlichen Verfahrensweisen. Anstelle der bescheidenen Fabel übernimmt die Sprache die Dramenkonstitution. Es ereignet sich im Stück »nichts anderes als Sprache«: Den Inhalt könne und dürfe man nur erzählen, wenn man *dazu*sagt, »was« dabei gesprochen wird. Das Drama ist die »Sprache« der Figuren (Hollmann 1972, S. 97).

Peter Handke (seit dem *Kaspar* geschult in der abstrakten Darstellung und Entlarvung von Klischees) hält sich in seiner »*Nacherzählung*« (in der Ausgabe BS, S. 9ff.; auch in Mat GWW, S. 55ff.) strikt an den Wortlaut des Originals, lässt aber die ironischen Kitschelemente weg. Durch das Lakonische ihres Stils wirkt diese mit der Überschrift »*Totenstille beim Heurigen*« versehene ›Nacherzählung‹ besonders gespenstisch.

3.2 Aufbau (›komplexe Textur‹ – Zirkularität)

In Horváths dramatischen Dichtungen findet sich ein dichtes und teilweise polyphon geführtes Zeichengefüge, das die realistische Ebene symbolisch kommentiert und überhöht. Auf die dichte Metaphernverklammerung (Bilder des Sexus und der Aggression, Todessymbolik, Bilder des Schmutzes, ›Spiele‹) wird noch ausführlich einzugehen sein. Das Antonius-Motiv aus Szene II/3 wird in der Stephans-Dom-Szene (II/7) wiederholt. Szene II/1 schließt mit dem Engel-Motiv in der Rede Oskars, in der folgenden Szene II/2 greift es Marianne auf (indem sie sich an Alfreds Verwendung desselben erinnert), in der vorletzten Szene variiert es Alfred als Entschuldigung seines Verhaltens (201). Das Wandlungsmotiv wird durch Erich (125) eingeführt und durch Alfred und Oskar (201) aufgenommen. Eine leitmotivische Technik liegt teilweise auch bei der zitierten Musik vor (s. Kap. 3.3.5), aber auch bei bestimmten sprachlichen Wendungen. Auffällig ist, dass diese ›Echoeffekte‹ im Munde der Männer destruktives Lauern (Oskars »Ich hab dir mal gesagt« [207] weist auf 139 zurück) oder sich aus verantwortungsvoller Liebe Davonstehlen (Alfreds »Das hab ich nie gesagt« [146] kontrastiert mit 139) signalisieren, im Munde Mariannes aber Einsicht bzw. Enttäuschung und Resignation: »Du hast mal gesagt« (143), »Ich hab mal Gott gefragt« (206).

Auffällig sind die zahlreichen Fassaden: z.B. die Auslagen im Biedermeiergasserl sowie die Burgruine. Diese Fassaden wie auch die Maskierungen (s. S. 27) haben die Aufgabe, auf das Fassadenhafte der *dramatis personae* und der Gesellschaft überhaupt aufmerksam zu machen. Die nebeneinander gereihten Geschäfte sind »symbolischer Hinweis darauf, dass mit Geschäft eigentlich alles zu tun hat: Freundschaft sowohl wie Liebe und Heirat« (Haag 1983, S. 141), aber auch »Rauchen«, »Fressen«, »Zaubern« (131) und Lotto-Glück; in der Wachau mit ihrer von der Mutter und Großmutter verwalteten »hochromantische[n] Ruine« (106) auch die ›Tourismusindustrie‹. In der früheren Fassung verlangt man »zwanzig Groschen« Eintritt (90).

In den Wiener Szenen wird ein weiter topografischer und sozialer Dreiecks-Raster über die Stadt gelegt. Im 8. Bezirk wohnen die »echten Bürger vom alten Schlag« (180), im 2. Bezirk befinden sich die kleinen Cafés ›und so‹ sowie der im Stück mehrmals erwähnte Trabrennplatz (damals Treffpunkt der Hochfinanz, der *high society* und der Spitzen der Politik, aber auch des Schiebertums; wobei diese Gruppen als Zuschauer bei Pferderennen geradezu ›fassadenartig‹ beisammensitzen und Grauzonen-Geschäfte eingefädelt werden konnten). Der 18. Bezirk ist eine traditionell vornehme Wohngegend des Großbürgertums. Dass das schäbige Untermietszimmer (II/2) ausgerechnet in diesem Bezirk liegt, hebt den Kontrast noch stärker hervor, mag aber auch Hinweis sein, dass Alfred für kurze Zeit wenigstens wirklich von der Welt des 2. Bezirks weg wollte. Für Marianne jedenfalls wird der Ort der »Intimität«, das »möblierte Zimmer«, nur aufgebaut, »um alsbald zerstört zu werden; so dient auch er zur Demonstration der Öffentlichkeit, vor der er keinen Schutz zu bieten vermag« (Haag 1983, S. 152, Anm. 11).

In Bezug auf den Handlungsort »*stille Straße*« liegt eine »Passagen-Dramaturgie« vor, die sich durch eine Nebeneinanderstellung szenischer Bilder auszeichnet. Bereits im 1923/24 entstandenen *Mord in der Mohrengasse* (veröffentlicht 1970) wendet Horváth dieses Prinzip an: »*ein geschlossener Laden*«, »*eine schmale Hoteltüre*«, »*eine Bar*« (GW 1, 26). In den *Geschichten* sind es die nebeneinander angeordneten Geschäfte: »*gediegene Fleischhauerei*«, »*Puppenklinik*«, »*Trafik*« (110). Die ›Mohrengasse‹ ist »gewissermaßen die erste in einem Stadtplan Horváth'scher Straßenlandschaften« (Hildebrandt 1975, S. 30). Was im *Mord in der Mohrengasse* bei Tag »normal, freundlich und bekannt« erscheint, wirkt – in einer Art ›Dialektik‹ des Schauplatzes – bei Nacht »seltsam, fremd und kalt«, dieselbe Straße ist »unheimlich« (Gough 1972, S. 120). Es zeigt Horváths Meisterschaft, dass er diese recht kolportagehafte Gleichsetzung ›freundlich‹ = Tag, ›unheimlich‹ = Nacht in den *Geschichten* auf den Tag selbst verlegt. Das Unheimliche hinter dem Alltäglich-Wohlanständigen ist hier in einer ›komplexen Textur‹ realisiert. Es verwundert kaum zu erfahren, dass der Autor eine neurotische Angst vor der Straße hatte: »Straßen können einem übelwollen, können einen vernichten. Straßen machen mir Angst« (zit. nach: Mat ÖvH, S. 114).

Anfang und Schluss spiegeln sich symmetrisch bis in die fast identische Wortwahl der ersten und letzten Regieanweisung hinein. Die erste (I/1) und die letzte Szene (III/4) spielen in der Wachau, die zweite (I/2) und die vorletzte Szene (III/3) in der »*stillen Straße*«. Die ›mittlere‹ Szene (II/4) ist gewissermaßen der Dreh- und Angelpunkt mit Figuren, die nur in dieser Szene auftreten, und der absoluten Funktionalisierung Mariannes als Ware.

Die Schauplätze ›verdichten‹ sich in den an Jahren ältesten Figuren des Stücks: In allen Wachau-Szenen ist die Großmutter präsent, in vielen ›Wiener‹ Szenen der Zauberkönig, wobei sich erst in der Schlussszene die beiden Gruppen erstmals treffen und bestens verstehen. Alfred, als latent grenzüberschreitendes Element, bildet die durchgehende figurale Klammer. Ein prinzipieller Unterschied zwischen den Orten besteht jedoch nicht. Auch die Wachau erweist sich bei näherem Hinsehen als »Verlängerung der stillen Straße« (Haag 1983, S. 152). Der Gegensatz Stadt – Land (konkret: Wien – Wachau) ist eine »Scheinopposition«; beide Personengruppen sind »korrupt«, »tückisch, schwach und Fleisch fressend« (Wapnewski 1978, S. 24). Auch die Musik legt einen ›archetypischen‹ Gegensatz nicht nahe: Der Walzer *Geschichten aus dem Wiener Wald* erklingt in Wien und in der Wachau. Eventuell am etwas ›engeren‹, am aufs Perfid-Bigotte (Großmutter) und Kujoniert-Unterwürfige (Mutter) begrenzten ›Tonfall‹ wäre ein nur gradueller Unterschied der Wachau-Szenen gegenüber den anderen Schauplätzen abzuleiten. Im Schlussbild hingegen hebt sich die Wachau-Ruine in ihrer szenischen Bedeutung markant ab (s. S. 29).

Typisch für die ›Fräulein-Stücke‹ ist die Kreis-Struktur, die Rückkehr zum Ausgangspunkt. Horváth führt zwar ein störendes Element in eine grausam ›prästabilierte Harmonie‹ ein – in den *Geschichten* ist dieses ›dramaturgische Ferment‹ Alfred –, um sie dann in die Ausgangslage zurückkehren zu lassen. »Die Rondoform des Stückes« ist durch »die Walzermusik in zweifacher Hinsicht akzentuiert«. Es wird mit der Melodie der *Geschichten aus dem Wiener Wald* eingeleitet und es »klingt mit ihr aus«; die Form des Walzers schreibt »die Kreisbewegung als die kompositionelle Struktur dieses Volksstückes vor« (Baumgartner 1988, S. 163). Die Zirkularität wird auch in den Regieanweisungen angesprochen: »*Wieder in der stillen Straße im achten Bezirk*« (140), »*wie dazumal*« (140), »*Und abermals in der stillen Straße im achten Bezirk*« (191), »*der Rittmeister liest noch immer die Ziehungsliste*« (191). Von bitterster Ironie ist die Bemerkung »*Es scheint überhaupt alles beim alten geblieben zu sein*« (191), da der Zuschauer vom Kindsmord schon weiß, aber auch die Versöhnung noch bevorsteht.

Das Stück beginnt im Vorfrühling: Alfred sitzt bereits im Freien (I/1), die Szene I/2 legt sich deutlich fest: »Es wird Frühling, Herr Zauberkönig« (115). Umso mehr überrascht, dass in Szene I/3 – »*am nächsten* [!] *Sonntag im Wiener Wald*« (121) – schon ausgiebig entkleidet, angekleidet und gebadet wird: »Es ist nahezu beruhigend«, dass in die sorgfältige Zeitstruktur »doch ein Traditionsmoment österreichischer Schlamperei eingedrungen zu sein scheint« (Wapnewski 1978,

S. 25). Die gesamte Zeitspanne des ersten Teils (wie auch des zweiten Teils) umfasst nur einige Tage oder Wochen. Der *zweite Teil* setzt genau nach einem Jahr ein (vgl. 141), »*und die Sonne scheint wie dazumal*« (140), und in der nächsten Szene (II/2) nennt Marianne explizit die vergangene Zeit: »Heute vor einem Jahr hab ich dich [= Alfred] zum ersten Mal gesehen« (145). Der *dritte Teil* beginnt im Herbst desselben Jahres. Er weicht vom ersten und zweiten Teil insofern ab, als er länger dauert, sich über ein halbes Jahr hinzieht. Bereits die zweite Szene (III/2) spielt im nächsten Frühjahr. Somit endet das Stück zwei Jahre nach dem Beginn. Auch in der Wiederkehr der Jahreszeit, des Jahrestages, zeigt sich die Konsequenz der Komposition und spiegelt so die zirkuläre Struktur.

Was den Schluss betrifft, hält sich Horváth in frühen Entwürfen noch an die rührseligen Modelle des trivialen Volksstücks. Doch auch in einer späten Fassung noch kommt es zu einer Versöhnung. Die Liebe Mariannes zu Alfred wird als Fehltritt gezeigt, der Tod des Kindes, das beim Spielen in die Donau gefallen und ertrunken ist, als Fingerzeig Gottes: Oskar steht als der Geprüfte und großherzig Verzeihende da. In der Fassung *Volksstück in sieben Bildern* (9ff.) ist der Zauberkönig seit einem Schlaganfall, den er durch die Aufregung über die Entdeckung von Mariannes Diebstahl erlitten hatte, halbseitig gelähmt. Das versöhnliche Ende der Geschichte wird durch ein Wunder ermöglicht, das auch die Lähmung beseitigt. Im revueartigen – noch immer versöhnlichen – Schlusstableau wird Hochzeit gefeiert, wozu alle Figuren erscheinen: »*es ist überhaupt alles* [!] *da*« (100). Indem hier das ganze Personal in einem Schlussdefilee versammelt wird und der Rittmeister zur Hochzeitsgratulation vor den Vorhang tritt, wird jene Ebene der Fiktion verlassen, auf der Versöhnung noch glaubhaft erscheint: »Dieses Finale präsentiert sich ganz bewusst als Theatercoup und als Bühnenkonvention voll süßer Verlogenheit« (Kurzenberger 1974, S. 107), nicht unähnlich den Nestroy'schen Possen-Schlüssen, aber auch den Schlusstableaus in Mozarts Da-Ponte-Opern: ›Versöhnung‹ wird vorgeführt, um sie denunzieren zu können.

In der definitiven Fassung handelt es sich um einen der »deprimierendsten« Dramenabschlüsse der Weltliteratur. Im typischen Schwebezustand dieses Finales wird Marianne »lebendigen Leibes in die Ehe mit Oskar eingesargt – im trauten Heim« (Glaser 1983, S. 68) – mit einem »Dann komm« (207) fordert auch der Tod in den mittelalterlichen Moralitäten häufig zum Abschied auf –, während das Wiedereinsetzen der Musik den ›Tanz‹ von neuem beginnen bzw. sich wiederholen lässt.

3.3 Dramaturgische Verfahrensweisen

3.3.1 ›Zeigen‹ und ›Verbergen‹

Das Spezifische und höchst Innovative des szenischen Vorgehens in Horváths Werk besteht in der Technik, ›Dinge‹ (Bühnenbild, Requisiten, Kostüme) in einer doppelten Repräsentation gleichzeitig zu ›zeigen‹ und zu ›verbergen‹. Das von Hugo von Hofmannsthal einmal in ganz anderem Kontext über Grillparzer Bemerkte, nämlich dass dieser die ›Tiefe an der Oberfläche verstecke‹, gilt auch für Horváths szenische Technik (verborgen wird dabei die ›tiefe‹ Gemeinheit der Figuren).

In vielen Fällen ist das auf der Bühne Gezeigte (bzw. Gesprochene) nicht als bare Münze zu nehmen, sondern als Indiz für das, was verborgen bleiben soll. Gerade diese Verstellungen und Täuschungen in Bild und Sprache sind Gegenstand der Interpretation. Dieses szenische Verfahren erinnert an Freuds Zensurmodell des Traums: Auch die Bilder des Traums ›zeigen‹, indem sie ›verstellen‹. Eine Puppenklinik mit »*Scherzartikeln, Totenköpfen, Puppen, Spielwaren, Raketen, Zinnsoldaten und einem Skelett im Fenster*« (110) – nichts könnte in der scheinbar zufälligen Reihung auf den ersten Blick unverfänglicher sein. Die Funktion dieser Fassade der Auslage ist darauf angelegt, »auszustellen, um zu verbergen« (Haag 1983, S. 142). Daneben die »*gediegene Fleischhauerei*«: das ›Bestiarische‹ und ›Bestialische‹ in bürgerlich geachteter Verkleidung. Auffällig ist die an der Oberfläche versteckte Anhäufung von Todeszeichen: »Der Tod zeigt sich in angepasster Verkleidung, als Ware nämlich, kulinarisches Konsumprodukt in der Auslage der Fleischerei; doppelt maskiert als Ware und Spielzeug (genauer: Scherzartikel) in der Puppenklinik.« (ebd.)

Die Bühne hat eine Zweiteilung in einen sichtbaren Raum und in einen *unsichtbaren* Raum, der den hinter den Fassaden ›verborgenen‹ Ort der ›heimlichen‹ Machinationen und somit den *eigentlichen* Ort der Handlung darstellt. Das auf der Bühne Vorgezeigte dient oft der Täuschung. Die Regieanweisung zur *stillen Straße* stellt in ihrer »scheinbar alltäglichen Banalität und Harmlosigkeit« ein Musterbeispiel für »das versteckte Spiel« einer Fassade dar (ebd., S. 141). Diese »banale«, weil ›natürlich‹ erscheinende Fassade der Geschäfte fällt in den ersten Szenen zusammen mit den Grenzen des Sichtbaren. In den ›inneren‹ Schauplätzen (möbliertes Zimmer, kleines Café, bei der Baronin) werden die ›schmutzigen‹ Machinationen dann unverhüllter weitergeführt: Abschieben des Kindes, Mariannes Verschacherung.

Wir erfahren zwar bereits in der zweiten Szene, dass Marianne die »Schmutzwäsche« (116) ihres Vaters durchsuchen muss. Doch erreicht diese Mitteilung das Ohr des Zuschauers doppelt ›gefiltert‹, nämlich vom idyllischen Blumenbalkon aus und als Erfüllung der Tochterpflicht. Nichts sollte unverdächtiger sein: »Arbeit schändet nicht« (114) bemerkt Marianne zum Rittmeister (der diese Suche jedoch mit seinem zweideutigen ›Sprachreflex‹ »Im Gegenteil« ungewollt als entwürdigend entlarvt). Der Streit wegen des verstopften

Klosetts in Szene II/4 ist nur scheinbar nichts weiter als Marotte zweiter schriller Baroninnen (einer blinden und einer mit ›verschiedenen‹ Verbindungen), er kann gerade in der kolportagehaften Verstellung das verbergen, was die eine doppeldeutig beim Namen nennt: »Schweinerei« (153). In der vorletzten Szene wird der ›Schmutz‹ dann unter den Teppich gekehrt. Valerie befiehlt, sich zu versöhnen: »Jetzt werden wir den Schmutz da zusammenräumen – jetzt kommt die große Stöberei!« (200)

Eine doppelte Repräsentationsebene liegt auch bei Oskars von ›außen‹ sichtbaren Rollen vor. Er ist weder mit dem liebenden Bräutigam in makelloser Aufmachung und mit *»weißer«* Schürze noch mit seinem *Alter Ego*, dem Gehilfen Havlitschek mit ›blutiger‹ Schürze (110), zu identifizieren: »Das Verstellte tritt nie ohne Maske in Erscheinung, sondern gibt sich ausschließlich in den Formen seiner Verstellung zu erkennen« (Haag 1983, S. 139). Diese Masken sind bei Oskar: »Geschäftsmann in geachteter gesellschaftlicher Position«, »bald Familienvater, ›Kindernarr‹ [122], Fotoamateur, Liebhaber von Jiu-Jitsu, Operettenweisen und Bibelsprüchen« (Haag 1988, S. 79). Seine Brutalität verbirgt sich in diesen ›äußeren‹ Verstellungen, die des Zauberkönigs vor allem hinter seiner rhetorischen *Magie*. Die raffinierte Brutalität Alfreds ›zeigt‹ sich in seinen Berufsrollen, ›verbirgt‹ sich in seinem unwiderstehlichen Charme; auch er ist ein Magier, kann er doch ›angeblich‹ hypnotisieren (124). Diese ›totale‹ Maskierung, die ›Gesichtslosigkeit‹ wird in einem späten Werk in einer szenischen Geste radikalisiert und ›beim Wort genommen‹. Thago als personifizierter Mammon nimmt seine *»Maske«* ab: Er hat *»überhaupt kein Gesicht«* (GW 10, 180).

Auch vergleichsweise traditionell geführte Maskierungen/Demaskierungen sind in den *Geschichten* vorhanden. Der allererste Auftritt des Zauberkönigs erfolgt im Schlafrock und mit *»Schnurrbartbinde«* (113). Das Abnehmen einer Maske lässt die eigentlichen Motive deutlicher hervortreten. In der unheilvollen Szene II/4 tritt die Baronin unbemerkt mit *»kosmetischer Gesichtsmaske«* (153) ein, nimmt sie jedoch ab, bevor sie zum Verhandeln ansetzt. Von höchster Raffinesse ist, wenn sich Alfred beim Reden *›einseift‹*, um sich zu *»rasieren«* (145), liegt hier doch *simultane* Maskierung/Demaskierung vor. Er sagt sich egoistisch von Marianne los (›lässt die Maske fallen‹), redet zynisch von deren ›Dummheit‹ und will das Abschieben des Kindes als lautere Absicht hinstellen (›setzt die Maske auf‹).

So zahlreich die Bilder der Aggression sind, so getarnt sind sie in Szene gesetzt. Bereits das erste (ohne ›erkennbare‹ Motivation) auf die Bühne gebrachte Requisit ist *»ein schärferes Messer«* (102): als Esswerkzeug. Oskar manikürt sich bei seinem ersten Auftritt (I/2) mit einem *»Taschenmesser«* (110). Doch einem Metzger kann man hier eine solch unappetitliche Geste noch als Berufsschrulle durchgehen lassen, scheinbar ist Oskar so *»gediegen«* (= solide, bieder-vornehm) wie seine Fleischerei. Auf der Schwelle derselben ist dann mehrmals vom ›Sauabstechen‹ die Rede. Im »offene[n] Wörterl» (142) Havlitscheks und in Oskars Vorsatz, die Sau selber »abzustechen« (166), kippt die Täuschungsfunktion in Bezug auf die gemeinte »läufige Bestie« (144) um.

Während des Picknicks (I/3) hantiert Erich in der Badehose mit einem *Luftdruckgewehr*. Gerade im Farcenhaften seines ›Treffers‹ (s. S. 39) wird die versteckte Brutalität an der ›Oberfläche‹ verborgen. Marianne gesteht ihre ›elementare‹ Ergriffenheit mit einem Bild, das einer ›Waffe‹ der Natur entlehnt ist: »Du [= Alfred] – wie der Blitz hast du in mich eingeschlagen und hast mich gespalten« (136). Die rührende Formulierung wird im kleinen Café (II/3) bitterer Ernst, nicht als ›Naturgewalt‹ allerdings, sondern als elegant-raffinierte Brutalität zweier Schieber. Als sich für Alfred ein Ausweg, Marianne loszuwerden, abzeichnet, nähert er sich ihr mit seinem »*Queue*« (151) und setzt sich zu ihr an den Tisch. Das Queue ist zur ›tödlichen‹ *espada* geworden. Die so komplex und polyphon (›zeigend‹ und ›verbergend‹) geführte Symbolik des Sexus und der Aggression findet hier die einlinige Zusammenfassung.

Nichts erscheint unverdächtiger als Kinderspielzeug und Gesellschaftsspiele. Gespielt wird immer wieder in diesem Stück: Pfänderspiele, Alfred mit den ›Pferdchen‹ und beim Billard, der Bubi mit Bleisoldaten. Wo kippen diese ›Spiele‹ um? Wo versagt die Täuschungsfunktion, wo werden aus Requisiten und ›Gesellschaftsspielen‹ verräterische szenische Metaphern? Im Pfänderspiel (128f.) »demonstriert« Oskar an Marianne mit einem Jiu-Jitsu-Griff, wie man »seinen Gegner spielend kampfunfähig machen kann«, und bricht ihr dabei – so sagt er – nur deshalb nicht das »Rückrat«, weil er »nur markiert« hat. Hinter der Ambiguität des Wortes ›spielend‹ (d.i. ›während eines Spiels‹, aber auch: ›wie nichts‹) kann sich seine Brutalität verstecken, gelten doch bei dieser nützlichen »Selbstverteidigungsmethode« die Bedingungen des erlaubten Terrors. Da er von den Anwesenden aufgefordert wurde zu demonstrieren, »was du willst«, »was du kannst«, ist diese ›Demonstration‹ nicht zufällig, nicht beliebig, sondern als kaum verhüllte Brutalität gekennzeichnet. »Haben wir denn noch ein Pfand?« fragt nach der ›Demonstration‹, an der Oberfläche wieder ganz unverdächtig, eine Episodenfigur, was von Valerie verneint wird. Damit wird deutlich, dass die als »zartes Frauerl« apostrophierte Marianne das eigentliche ›Pfand‹ nicht nur *dieses* brutalen, sondern des ganzen brutalen Spiels ist. So raffiniert verborgen kann das hier noch deshalb werden, weil Marianne auf der realistischen Ebene beim Pfänderspiel gar nicht mitmacht.

In I/2 verlangt eine andere Episodenfigur mit verdächtigem Nachdruck ›Kinderspielzeug‹ für den ›Bubi‹:

»Also nochmals, nur damit keine Verwechslungen entstehen: drei Schachteln Schwerverwundete und zwei Schachteln Fallende – auch Kavallerie bitte, nicht nur Infanterie – und daß ich sie nur übermorgen früh im Haus hab, sonst weint der Bubi. Er hat nämlich am Freitag Geburtstag, und er möcht doch schon so lange Sanitäter spielen – « (113).

Auf Alfreds Spielsucht, auf die für ihn *eigentliche* ›Funktion‹ Mariannes wird rückblickend (in I/3) durch deren beiläufige Bemerkung hingewiesen, er habe sich bei der ersten Begegnung (I/2) ein »Gesellschaftsspiel« (128) gekauft, er selber verwendete zuvor das doppeldeutige »Pupperl« (119), um Valeries Eifersucht zu beschwichtigen, doch durch diese Ambiguität des Wortes entlarvt er sein eigentliches Interesse (was Valerie bitter registriert). Die Verschacherung Mariannes wird während eines Billardspiels (II/3) eingefädelt. Alfred ist beim Spiel zuerst nicht bei der Sache, er »patzt« (147), bemitleidet sich selbst: »Meiner Seel, ich glaub, ich bin ihr hörig!« (148) Der hilfreiche Freund, der Hierlinger Ferdinand, jedoch *»ist in seine Serie vertieft«* (147), weiß dann ja auch einen Ausweg. Alfreds Unkonzentriertheit kommentiert er: »Da hätt man buserieren sollen«, also energischer und ›härter‹ spielen. Als später das eigentliche ›Objekt‹ des Spiels, Marianne, dazukommt, bittet Alfred sie, zu warten, bis er seine »Partie zu Ende« gespielt hat (148). Was auch geschieht.

Den im Verlaufe des Stücks immer perfekter werdenden Tarnfunktionen der Sprache (s. Kap. 3.4.4) läuft die immer deutlicher sichtbar werdende Brutalität konträr. Was hinter der Biedermeierfassade (I/2) noch verborgen war, in den Cafés und Hinterhöfen eingefädelt wurde, entlädt sich als Gewalt in der freien Natur, wodurch das Finale Züge eines archaischen Opferrituals annimmt. Das ›Lamm‹ wurde zuvor mit tribalistischen *und* modernen Methoden der Ausgrenzung marginalisiert und selektiert: Außenseiterrolle, Aschenputteldasein, Flucht ins ›Reich‹ des gegnerischen aber teilweise verbündeten Stammes (Alfred), sozialer Abstieg, Verweigerung von Reinigungsritualen (II/7), ›Zeichnung‹ durch physische Misshandlung und ›Schlagen‹ (187), eine Art ›An-den-Pranger-Stellen‹ (Maxim), Kriminalisierung (Untersuchungshaft), Aberkennen von Emotionen (keinen ›Funken Gefühl‹ [200] nennt es Oskar), scheinbar versöhnliche Wiederaufnahme in den ›alten‹ Stamm, Provokation zur gewalttätigen Handlung (Angriff Mariannes auf die Großmutter), Zuschnüren der Kehle (durch Oskar). Die Zeremonie rituellen Hinschlachtens erfolgt dann auf einem Steinaltar auf einem abgelegenen Hügel (›naturalistisch‹: auf dem ca. 85 Kilometer von Wien entfernten, nur auf einem schmalen Pfad zu erreichenden Ruinen-›Geröll‹ in Dürnstein an der Donau). Marianne ist Sündenbock für den ›Schmutz‹ dieser Gesellschaft. ›Gezeigt‹ jedoch wird dieser Opfermord als *sanfteste* Gewalt: Oskar *»stützt«* Marianne wie eine Invalide, gibt ihr einen *»Kuss«* (207). Im typischen Schwebezustand des Finales wird den Figuren ihre Brutalität genauso wenig bewusst wie den Teilnehmern eines archaischen ›Orgien- und Mysterienspiels‹. Für den Rezipienten hingegen ist die ›Fassade‹ transparent: Perfekte sprachliche Camouflage, szenisches ›Offenliegen‹ des ›Versöhnungsfestes‹ vor der Natur, gestisches ›Schweben‹ stehen am Ende.

3.3.2 ›Großer Totentanz‹

Horváth bezeichnete *Glaube Liebe Hoffnung* (1932) im Untertitel als *»Kleinen Totentanz«*. Die *Geschichten aus dem Wiener Wald* könnten ›Großer Totentanz‹ genannt werden, denn auch in ihnen ist der Tod omnipräsent: in ›maskierter‹ Form im Bühnenbild der *»stillen Straße«* wie auch in einer durchgehenden Kette szenischer und sprachlicher Anspielungen. Gegen Ende der ersten Szene betrachtet sich Valerie im Spiegel und summt dazu den Trauermarsch von Chopin

(109). Horváth greift damit den ikonographischen *Memento-mori*-Topos auf, in dem die Frau im Spiegel den Tod erblickt. Zuvor hatte Alfred – unbewusst wohl – im Streit die latenten Todesängste der alternden Valerie aktiviert, und zwar schon bevor vom Grab ihres verstorbenen Mannes die Rede ist, denn er hatte sie darauf aufmerksam gemacht, dass sie als alternde Frau keine Ansprüche stellen, sich nichts mehr ›einbilden‹ dürfe, ein »junger« (!) Mann habe nun mal »Licht- und Schattenseiten« (108). Seine Bereitschaft, finanziell zur Reparatur des Grabes beizutragen, ist dann als sein Wunsch zu verstehen, diese seine ›Drohung‹ mit dem Tod gleichsam ungeschehen zu machen. Nur so erklärt sich Valeries heftige, dem Verhältnis zwischen ihnen unangemessene Reaktion, wenn sie ihm plötzlich die Hand küsst. Als sie so ganz ›unten‹ ist, ruft der Hierlinger vom Turm herab – also aus der ›Höhe‹ seiner Jugend und Lebenskraft: »Es ist wunderschön heroben« (109).

Niemand in diesen *Geschichten*, der nicht an den Tod denkt oder auf den Friedhof geht oder gehen will oder vom Friedhof kommt oder jemanden dorthin begleiten muss. Vor einem Jahr ist Oskars Mutter gestorben (111), zu deren »Totenmeß« sich Oskar (115) und der Zauberkönig (118) aufmachen. In der Verlobungsszene (I/3) gedenkt der Zauberkönig im Stil einer ›gestanzten‹ Festrede seiner »unvergeßlichen Gemahlin, der Mariann ihrem lieben Mutterl selig« (126), entlarvt dieses Gedenken jedoch kurz darauf (131) und in der Heurigenszene (176) als Selbstmitleid. Valerie gegenüber bemerkt er in der Badeszene ironisch (wahrscheinlich, ohne sich der enthaltenen Kränkung bewusst zu sein): »Der sterbende Schwan« (132). Alfred will sich (wohl als Zeichen einer antiklerikalen Einstellung) »verbrennen« (136) lassen.

Den Zauberkönig hätte im Maxim »fast der Schlag« (191) getroffen, er hörte schon die »Sphärenmusik« (192). Im Gespräch mit Valerie in der übernächsten Szene »*faßt [er] sich ans Herz*« (196), da wegen seiner Aufregung wieder ein »Schlagerl« droht. Diese Bewegung bedeutet auf der realistischen Ebene Angst vor dem Herzinfarkt, sie ist aber, wie die Analyse von Horváths Gesamtwerk belegt, als universale Todes-Chiffre zu lesen. Ein Beispiel ist etwa Annas Verhalten im *Jüngsten Tag*, die sich in der Szene vor ihrer Ermordung »*ans Herz*« (GW 10, 31) fasst. Als Chiffre eines vom Tod ›Gezeichneten‹ ist so auch die Geste des Zauberkönigs zu erklären, wenn er schon in I/4 scheinbar unmotiviert die Hand »*auf dem Herzen*« (137) hatte. Im Schlussbild fürchtet er abermals den »Schlaganfall« (206).

Als Marianne den ersten Blick mit dem Leichtfuß Alfred tauscht, sieht man sie gerade in der Geschäftsauslage mit ›besonderer‹ Sorgfalt (118) ein Skelett arrangieren. Die vermeintlich große Liebe hat ein Gerippe zur Ikone.

Die Regieanweisung »*Jetzt läuten die Glocken*« (166) am Ende von II/6, die auf Oskars Vorsatz, die Sau »jetzt [doch] schon selber ab[zu]stechen« (166) folgt, deutet Gamper (1974, S. 3) in Hinblick auf die gesamte Handlung auf doppelte Weise: Es sind Hochzeitsglocken ebenso wie Totenglocken. Im Dramenschluss werden beide Möglichkeiten simultan zu Ende geführt.

Die letzten von Valerie und Alfred im Stück gesprochenen Worte führen die verbalen und szenischen Anspielungen zu einem vorläufigen und larmoyanten Ende (kurz bevor die tödliche ›Kette‹ für Marianne endgültig ›geschlossen‹ wird): Valerie möchte dem – wie immer »kleinen« – Leopold »einen schönen Grabstein« setzen, »vielleicht ein betendes Englein« (206), und Alfed redet sich das letzte Mal weinerlich auf das Indefinitpronomen heraus: »So ohne Kinder hört man eigentlich auf. Man setzt sich nicht fort und stirbt aus« (206).

In dieser statischen Welt sind alle vom Tod ›Gezeichnete‹. Sie agieren wie die Figuren einer Typenkomödie, indem ihnen von allem Anfang an ein Stempel »aufgedrückt« (Gamper 1974, S. 4) wird. Wie etwa der Hanswurst der Wiener Stegreifkomödie am aufgenähten Herz zu erkennen war und damit für den Zuschauer sein weiteres Verhalten schon feststand, so werden die Figuren der *Geschichten* durch einen unsichtbaren Stempel als Typen eines Totentanzes bestimmt, denen am Schluss des Stückes die todbringende Großmutter auf der Zither gewissermaßen zum Tanz aufspielt.

3.3.3 Amulette und Altäre – »Die Jagd nach dem Glück«

Als Marianne nach Alfreds Billardspiel fragt: «Wer hat denn gewonnen?« (151), antwortet dieser mit einem tiefen Zynismus: »Ich habe verloren, weil ich halt Glück in der Liebe hab« (151). Im folgenden Gespräch – auch als ironische Kontrafaktur des Faust-Gretchen-Dialogs zu lesen – zeigt sich zwar ein Aneinandervorbeireden der beiden, weil Marianne noch nicht weiß, dass soeben ihr ›Verkauf‹ eingefädelt wurde, sie erkennt jedoch abermals, dass die Liebe Illusion war. Indem Horváth in diesen Dialog das traditionelle Symbol des Hl. Antonius (des Schutzpatrons der Ehe und für das Wiederfinden verlorener Dinge) in die Rede montiert, lässt er es, im Kontext, für Marianne zum Gegenteil dessen werden, was es in der traditionellen Emblematik war: Es ist für sie das bittere Symbol ihrer zerstörten Illusionen und ihrer ausweglosen Lage. In Alfreds Rede (den im Unterschied zu Faust niemand gefragt hat) zeigen sich nicht die Einsichten eines reflektierenden oder ringenden Agnostikers, sondern eingelernte Phrasen (»sonst gäb's ja uns nicht« [151]) und die Rücksichtslosigkeit eines Zynikers, der nur kurz innegehalten – im Text steht: beim Billardspiel »gepatzt« (147) – hat, dann aber zum ›Abschluss‹ kommt: »Hör mal her, du heiliger Antonius, ich hätt dir was eventuell Wichtiges zu erzählen« (151). Das Symbolhafte des Amuletts findet Fortsetzung und szenische Ausweitung in der ›Dom-Szene‹ »*vor dem Seitenaltar des heiligen Antonius*« (167), in der sich Marianne verzweifelt an ihren Gott wendet, dabei aber auf die brutale Verständnislosigkeit des Beichtvaters gegenüber der Situation einer unverheirateten Mutter stößt.

Sensation des Stücks – keineswegs jedoch ›plot‹ oder ›climax‹, sondern nur Teil in einer endlosen Kette von psychischen Erniedrigungen und körperlichen Misshandlungen – ist Mariannes Auftritt als Posiermädchen im Maxim, nachdem dort zuvor halb nackte Mädchen als »Donaunixen« zu sehen waren. (Auf die vorangegangenen Quälereien weist Marianne verzweifelt hin: »Ihr sollt mich nicht mehr schlagen« [187]; ihre Worte werden jedoch wegen des Bühnentumults allzu leicht überhört.) Die Bitterkeit dieser Allegorie des Glücks wird durch den implizierten Rückverweis noch verstärkt, da Marianne in Szene I/4 gleichsam wie eine ›Donaunixe‹ dem Wasser entstieg. Erschütternd der Text der Regieanweisung: Gezeigt wird eine Gruppe nackter Mädchen, »*die sich gegenseitig niedertreten*«, sie versuchen, »*einer goldenen Kugel nachzurennen, auf welcher das Glück auf einem Bein steht*« (181). In dieser Metapher ist in einem halben Dutzend Zeilen alles zusammengerafft: »die süßen Träume, der nackte Sozialdarwinismus, die desillusionierende Wahrheit« (Jörder 1991, S. 31); »*das Glück ist ebenfalls unbekleidet und heißt Marianne*« (181), das ist in »märchenschlichten Worten, eine ganze Tragödie für sich« (Jörder, ebd.). Als Valerie bei der ›Entdeckung‹ entsetzt schreit, erschrickt Marianne auf ihrer Kugel, »*zittert, kann das Gleichgewicht nicht mehr halten, muß herab und starrt, geblendet vom Scheinwerfer, in den dunklen Zuschauerraum*« (181f.). Dass Horváth hier nüchterne Formulierungen verwendet, den ›Fall‹ Mariannes nicht in grober Symbolik als Herabpoltern ausspielt, sondern ein schlichtes »*muß herab*« vorschreibt und auf die ›Blendung‹ hinweist, ist aus dem Bedürfnis zu erklären, diese tragische Szene nicht zur vordergründigen ›Sensation‹ verkommen zu lassen. Demonstriert werden soll Nacktheit als Wehrlosigkeit, demonstriert werden soll: ›Die im dunklen »Zuschauerraum« (181) sieht man nicht‹.

3.3.4 Zur komplexen epischen Struktur

Horváth wies im *Cronauer-Interview* auf die epische Qualität seiner Stücke hin. Auf die Frage des (fingierten) Interviewers: »Ist diese ›neue Form‹ des Volksstücks in dem bei Ihren Dichtungen doch besonders hervortretenden epischen Charakter zu suchen?«, antwortete er: »Ja. Diese neue Form ist mehr eine schildernde als eine dramatische« (GW 11, 201f.). Der Begriff ›episch‹ ist dabei allerdings nicht näher bestimmt. (Zu bedenken ist auch, dass der Begriff des epischen Theaters zur Zeit dieses 1932 im Bayrischen Rundfunk gesendeten Interviews noch nicht jene spezifische Bedeutung hatte, die er heute hat.)

Bedarf es bei Brecht eines ganzen Arsenals neu entwickelter technischer Mittel, so ist das Epische im Horváth'schen Volksstück unauffälliger, gleichsam verdeckt ins Werk gesetzt: Spiel und Distanzierung fallen meist ununterscheidbar in eins und sind nur analytisch zu trennen. Doch auch der Zuschauer der Stücke Horváths soll sehend werden angesichts der Blindheit der ins Bühnenspiel verwickelten Figuren. Ein Vergleich mit dem Theater Brechts darf jedoch das Spezifische des Epischen bei Horváth nicht übersehen; die Stücke Horváths haben in ihrer subtilen und nuancenreichen epischen Struktur besondere Eigenschaften und ein Eigengewicht.

Brecht urteilt von einem festen politischen Standpunkt; Horváths Einstellung in Hinblick auf eine Veränderbarkeit der gesellschaftlichen Zustände scheint während der Arbeit an der Endfassung der *Geschichten* ein skeptischer Optimismus gewesen zu sein. Auf den ersten Blick lassen seine hilflosen Figuren im Zuschauer den Eindruck entstehen: Die Verhältnisse sind ›halt‹ so (bezeichnenderweise kommt diese resignative Modalpartikel in der Figurenrede des Stücks immer wieder vor), doch möchte auch Horváth zu einer Veränderung beitragen, richtet dabei aber seinen Appell mehr auf den Zuschauer als Individuum: »Erkenne dich bitte selbst!«, (GW 6, 13) heißt es in der *Randbemerkung* zu *Glaube Liebe Hoffnung*, wobei der Autor noch hinzufügt, diese intendierte Ehrlichkeit sei sozusagen nur ›multiperspektivisch‹ zu erreichen: Nicht über sich könne sich der Zuschauer begeben und sich »von droben« betrachten, sondern »neben und unter« sich solle er sich stellen, sodass er sich »von vorne, hinten, seitwärts und von drunten betrachten« kann (GW 6, 13).

Bei Brecht wird dem Zuschauer ein Teil der Reflexion schon von der Bühne nahe gelegt. Bei Horváth wird ihm eine anspruchsvollere Aufgabe abverlangt, denn er hat sie »als isolierter Betrachter eines Schauspiels von absolut geschlossener theatralischer Fiktion« (Haag 1983, S. 151) zu leisten. In den *Geschichten aus dem Wiener Wald* tritt keine Figur auf, die die gesellschaftliche Bedingtheit der Misere aufzeigen will und eine Veränderung der gesellschaftlichen Zustände fordert. Das Epische wird in diesem Stück auch nicht als Spielleiter oder Kommentator auf der Bühne fassbar. (Der Conferencier bleibt auf die Maxim-Szene beschränkt und übernimmt hier keine spezifisch epische Funktion, wie sie etwa in der frühen Fassung der Rittmeister nach dem Schlusstableau [100] noch hatte.)

Die ›epische‹ Dramaturgie Horváths ergibt sich aus dem komplexen Zusammenwirken folgender Verfahrensweisen: Entlarvung der Figuren mit neuartigen sprachkritischen und szenischen Mitteln (»Demaskierung des Bewusstseins«), konstrastierende Funktion der Musik, aber auch Enttäuschung der Erwartungshaltung in Hinblick auf ein angekündigtes »Volksstück« noch dazu mit dem Titel *Geschichten aus dem Wiener Wald*, das in einer stillen Wiener Gasse, beim Heurigen und in der Wachau spielt. In diesem Zusammenhang sind die zahlreichen musikalischen und landschaftlichen Kitschelemente des Stücks zu sehen, die gleichsam als Köder dienen sollen, indem sie vorerst einmal die unreflektiert-emotionalen Reaktionen des Zuschauers stimulieren. Die vorfabrizierten und ausgelaugten Empfindungsklischees, wie sie sich vor allem in der Musik und den Liedern zeigen, dienen nicht nur der Entlarvung der Handlungen und der Sprache der Figuren, sondern haben auch eine dem Zuschauer zugewandte Seite, die ihn zu partieller Identifikation einlädt. Je bereitwilliger der Zuschauer dieser Sogwirkung vorübergehend unterliegt, ›benommen‹ ist, desto mehr entspricht das zunächst einmal der Absicht des Autors: »Denn die Identifikation hat selbstverständlich die bösartig kalkulierte Funktion des Köders« (Kurzenberger 1976, S. 90). Da jedoch diese Erwartungshaltung ständig unterlaufen, ironisiert, mit Mitteln der Distanzierung als falsch und unberechtigt entlarvt wird, reagiert der Zuschauer gereizt, »weil er sich überrumpelt und ertappt fühlen muss, wenn ihm aufgezwungen wird, das von außen kritisch zu betrachten, was er kurz zuvor noch genießen durfte. Karl Kraus' Aperçu, dass Nestroy die Gemütlichkeit erst einseifte, wenn es ans Halsabschneiden ging, charakterisiert auch Horváths Verfahren.« (ebd., S. 91)

Eine ganz besonders wichtige Rolle spielt die Regieanweisung »*Stille*«: Denn was für die Figuren oft ›Denkpause‹, Aussetzen des Denkens ist, soll dem Zuschauer das Nachdenken ermöglichen, ihm Distanz zu den Fehlern der Figuren verschaffen und ihm zur Selbsterkenntnis verhelfen.

Die insgesamt angestrebte Distanzierung ist jedoch nie so radikal wie bei Brecht: Zwar mag mitleidende und einfühlende Identifikation mit Marianne in der Liebesszene (I/4) vom Autor nur bedingt beabsichtigt gewesen sein, doch ist Mitleid für die Beichtszene (II/7) vorgesehen, in der Marianne sich verzweifelt an ihren Gott wendet. Horváth hat »mit Kalkül die ausweglose Verzweiflung des im Stich gelassenen Mädchens als letzte Identifikationsfalle aufgebaut« (Kurzenberger 1974, S. 16), wohl wissend, dass dieses so mannigfach erprobte Motiv selten ohne Wirkung auf die Zuschauer ist.

›Episch‹ bedeutet in einigen Fällen auch ganz einfach nur ›schildernd‹. Hat es etwa zum Wachau-Bild (III/2) noch geheißen: »*unweit steht der Kinderwagen*« (188), so bemerkt die Bühnenanweisung zur übernächsten Szene (III/4): »*Und der Kinderwagen ist nirgends zu sehen*« (203). Diese Anweisung ist jedoch im Medium Theater nicht darstellbar, man kann einen Kinderwagen nicht gleichzeitig erwähnen und verbergen, wie es die epische Literatur erlaubt. Zu den schildernden Elementen gehören auch lyrische Bemerkungen in den Regieanweisungen: In der Bühnenanweisung »*Die Glocken verstummen und es ist sehr still auf der Welt*« (167) ist der zweite Teil des Satzes dramaturgisch nicht wiederzugeben. Als Marianne Alfred zum ersten Mal sieht, ist sie »*fast fasziniert*« (118). Auch diese subtile Regieanweisung ist auf der Bühne nur sehr schwer umzusetzen.

In diesem Sinn, nur in diesem Sinn, handelt es sich um ein Lesedrama, weil es Elemente enthält, die sich nur beim Lesen erschließen. Bereits der Beginn enthält solche epischen Elemente: »[Alfreds Mutter] *bringt ihm gerade ein schärferes Messer*« (103). Wie wäre denn auf der Bühne, auf der noch kein einziges Wort gesprochen wurde, ein ›schärferes‹ Messer darzustellen? Ähnlich der szenisch nicht umsetzbare Irrealis in: »*In der Luft ist ein Klingen und Singen – als verklänge irgendwo immer wieder der Walzer ›Geschichten aus dem Wiener Wald‹*« (103). In einigen Fällen bedient sich die Regieanweisung in ironischer Weise der umgangssprachlichen Syntax der Figurenrede: »*und in der Ferne spielt der lieben Tante ihr Reisegrammophon*« (135). Beim kollektiv Menschen zusammenfassenden Neutrum »*alles*« (170, 171, 175, 178) anstelle des korrekten – und gleichfalls verwendeten – »*alle*« (175, 177, 183) ist ebenso von kalkulierter Ironie auszugehen wie in der Regieanweisung zum Heurigenbild: »*und mittendrunterdrin der Zauberkönig*« (170). Ironisierung liegt auch im klischeehaften Syntagma »*die schöne blaue Donau*« vor, das nicht nur ständig vom Personal gebraucht wird, sondern von allem Anfang an (103) in der Regieanweisung vorkommt; durch diese massierte leitmotivische Häufung schafft es aber auch schon Distanzierung, dient also der Verfremdung.

Äußerst eindrucksvoll und erschreckend – wegen des Fehlens der Ironie – ist die Regieanweisung im Schlussbild: Oskar »*stützt*« Marianne, gibt ihr einen Kuss, »*und langsam ab mit ihr*« (207). Im Anakoluth zeigt sich ein brutaler Kommandoton; die Regieanweisung scheint von Oskar geschrieben zu sein.

Als episch im schon wieder engeren Sinn, nämlich als eine verfremdende Verfahrensweise, können Textstellen gelten, in denen eine von der Figur gebrauchte Aussage mehrdeutig wird. Wenn Alfred sagt: »Du weißt, daß ich kein Verstandesmensch bin« (143), wehrt er sich zwar an der Oberfläche gegen den entsprechenden Vorwurf Mariannes, zum anderen aber spricht er ungewollt eine Wahrheit über sein egoistisches Verhalten aus, womit sich der Autor über den Kopf der Figur hinweg an den Zuschauer wendet.

Der »dramatische Chronist« (GW 11, 241) – wie sich Horváth einmal selbst bezeichnete – reiht seine Szenen auch nicht willkürlich, sondern sucht ihnen durch eine kalkulierte Anordnung Deutung und Gewichtung zu geben. Die Erhöhung durch die Liebe, die Marianne und Alfred in der Szene I/4 »*An der schönen blauen Donau*« (135) zu verspüren glaubten, wird schon in der übernächsten Szene – »*Der Tag ist grau und das Licht trüb*« (143) –, der ersten, in der Alfred und Marianne wieder die Bühne betreten, »mit einer Ehewirklichkeit voller Vorwürfe und Streit, Windelmief und Kindergeschrei konfrontiert, Endstation zweier Herzen, die eben noch im Dreivierteltakt gemeinsam zu schlagen glaubten« (Kurzenberger 1974, S. 93).

Auch durch das Mittel dieser ›Kontrastierung‹, dieser ›harten Fügung‹ der Szenen, erreicht Horváth – neben den oben angeführten Methoden – die Distanzierung des Zuschauers vom Bühnengeschehen. Innerhalb der Szenen kommt noch die Anordnung der Bilder und Dialogteile, die ›Mikrostruktur‹ der Szenen, hinzu. In deren Anordnung und Reihung zeigt sich ein imaginärer Spielleiter am Werk, der zwar nie die Bühne betritt, dennoch aber ein strukturelles Element vermittelt, das den Zuschauer zur Kritik am Bühnengeschehen anhält.

3.3.5 Zur Funktion der Musik

Wie im traditionellen Volksstück kommt auch bei Horváth der Musik eine bedeutende Funktion zu. Sie ist jedoch kaum mehr untermalend und stimmungsfördernd, sondern soll das Geschehen kommentieren, kritisieren und kontrastieren.

»*In der Luft ist ein Klingen und Singen – als verklänge irgendwo immer wieder der Walzer ›Geschichten aus dem Wiener Wald‹*«, (103) vermerkt zu Beginn die Regieanweisung, was im Schlussbild durch den Zusatz »*himmlisches Streichorchester*« (207) bei ansonsten fast wörtlicher Wiederholung eine sarkastischbittere Pointe erhält: Wiederholung und Unausweichlichkeit scheinen vorgezeichnet (s. o., S. 25 und 31). Schon durch die minimale, ironisch-hochsprachliche Abweichung von der üblichen Bezeichnung des Strauß-Walzers (nämlich ›*G'schichten aus dem Wienerwald*‹) wie auch durch den dramaturgisch schwer umzusetzenden Irrealis, durch Iteration (›*immer wieder*‹) und indefinite Ortsangabe (›*irgendwo*‹) wird Distanzierung zum Geschehen hergestellt.

Dieser sowohl in der Wachau als auch in Wien erklingende Walzer verzahnt musikalisch die beiden zentralen Schauplätze (weist damit wohl auch hin auf ihre trotz geographischer Distanz partielle Identität). Ähnlich wird durch das Singen des Wachau-Lieds in Wien (in II/4 durch Marianne und in III/1 durch die Heurigengesellschaft) eine raffinierte, atmosphärische Musik-Rahmung etabliert. Wenn Marianne das Lied in II/4 singen muss, so stehen die Zeilen vom sinnlich-schönen ›Mädel‹ (»Hat Lippen rot wie Blut, / Und küssen kanns so gut« [155]) im bittersten Kontrast zu der in der nächsten Szene von der Großmutter dem Alfred vorgeschlagenen Trennung vom »Marianderl« und zum geplanten (158f.), wenngleich auf perfide Weise *nicht* ›ausgesprochenen‹ Kindsmord.

Verknüpfungsfunktion der Musik zwischen den einzelnen Szenen in der stillen Straße liegt vor, wenn die Realschülerin auf einem ausgeleierten Klavier übt. Ihr Walzer bricht mehrmals plötzlich ab, oft sogar *»mitten im Takt«* (112, 119, 163, 193), und verstärkt damit das Komische und Groteske oder das Unheimliche der folgenden Dialoge und Verhaltensweisen, macht so auf deren inhaltliches Gewicht aufmerksam: auf Valeries Schadenfreude (112, 160), auf das vertrottelt-chevalereske ›Kompliment‹ für die Blutwürste und das nahtlos anschließende ebenso mechanische wie larmoyante Totengedenken (111), auf das karikaturistisch gezeichnete Sich-Fixieren der beiden ›Soldaten‹ (193) und den ›korrekten‹ Abschied Erichs von Valerie, auf die für Marianne entwürdigende Sockenhaltersuche (116), auf Alfreds »Canossagang« (197). Dramaturgisch besonders eindrucksvoll – auch wegen der unmittelbar darauf angesetzten *Stille* – ist das Abbrechen (119) des Walzers *In lauschiger Nacht*, nachdem Marianne erstmals Alfred durch das Schaufenster erblickt hat und sich erschrocken zurückzieht. Im wiederholten Abbrechen eines so in die Szene hineinklingenden Walzers werden Beziehungen zwischen bestimmten Figuren geschaffen. Die süßen aber unbeholfen vorgetragenen Melodien hören in kritischen Augenblicken des Vorgangs abrupt auf, um ebenso plötzlich wieder einzusetzen – ein seltsam-krasses und aufschlussreiches Verfahren, mit dem die dem ganzen Stück immanente Aussage der *»diskontinuierlichen Kontinuität«* (Wapnewski 1978, S. 28) auch musikalisch gespiegelt wird. Das mechanisch wiederholende, ›ausgeleierte‹, von Misstönen durchsetzte Spiel der Realschülerin steht dabei auch für »die Wiederholung und den Automatismus der Gespräche« (Baumgartner 1988, S. 167f.) und nimmt die im Laufe des Stücks immer lauter werdenden ›Misstöne‹ vorweg. Damit besitzt es die Funktion eines epischen Kommentars, trägt andererseits aber auch zum Effekt des Unheimlichen bei.

Häufig liegt eine kontrastierende (und damit noch stärker episch-distanzierende) Funktion der Musik vor. Als die kleine Ida mit einem Sprachfehler – auch das ein Mittel der Verfremdung – ihr Verslein aufsagt (126) und als Oskar auf der Laute *In lauschiger Nacht* vorträgt (127), ist der Gegensatz der trivialen Texte zur Handlung überdeutlich: Von der Liebe, die wie ein »Edelstein« sein soll, ist bei keiner der Figuren (außer vielleicht kurzzeitig in Mariannes sehnsuchtsvollem und illusionärem ›Höhenflug‹) etwas zu merken. Der »Klapperstorch« (127) kommt zwar »im folgenden Jahr«, bringt aber natürlich keinen »Segen ins Haus«, und dass die »lauschige Nacht« »zwei Herzen glücklich gemacht« habe, davon ist in der Szene II/2 nichts festzustellen. Oskars Vortrag steht auch in ironischem Gegensatz zum vorangegangenen Bekenntnis Mariannes: »Eigentlich ist das nämlich gar nicht das, was man halt so Liebe nennt« (124). Der Zuschauer weiß während Oskars Vortrag schon, dass sich Marianne mehr zu Alfred als zu Oskar hingezogen fühlt. Verstärkte Ironie liegt darin, dass dieser Walzer beim ersten Erblicken Marianne – Alfred erklungen ist (s.o.).

Was die Musik an heiler, ›gemütlicher‹ Welt vortäuscht, steht vielfach in schroffem Gegensatz zu der Lieblosigkeit und dem brutalen Egoismus zwischen den Figuren. Das Geständnis Mariannes, dass sie Oskar nicht liebe (124), folgt auf die auf einem Reisegrammophon gespielte Puccini-Arie *Wie eiskalt ist dies Händchen*. In der Nachtbar macht das Verstummen der Musik auf die brutale Verständnislosigkeit (185f.) des Zauberkönigs gegenüber Marianne aufmerksam. Am krassesten wirkt dieser Gegensatz, wenn Schumanns *Träumerei* im Nachtlokal als Geräuschkulisse herhalten muss, in »niederdrückendem Kontrast« (von Wiese 1981, S. 21) zum Sozialdarwinismus der Gesellschaft, wie er im Bild der sich gegenseitig niedertretenden nackten Mädchen (181) seinen Ausdruck findet. In der Heurigenszene kontrastiert Horváth ironisch das sentimentale Lied des Zauberkönigs »Mir ist mei Alte gstorbn« (176) mit seiner wahren Einstellung, die er voranschickte: »Mir hat sie das ganze Leben verpfuscht!« (176) Daneben ist das Grotesk-Komische seines Gesangs nicht zu übersehen. Noch makabrer wirkt die Kontrastierung, wenn die Mordabsichten der Großmutter von volkstümlichen Zitherklängen begleitet werden.

Als Leitmotiv, als Verklammerung von Figuren und Szenenteilen (Vor- und Rückverweis), aufgrund ihres verfremdend abrupten Aussetzens, als verstärkende Parallele oder als Kontrast zur Handlung besitzt die Musik die eminent wichtige Funktion eines epischen Kommentars.

3.3.6 Komik und Karikatur

Wenn Horváth von der »Komik des Unterbewußten« (GW 11, 220) spricht und meint, er schreibe Tragödien, »die nur durch ihre ›Menschlichkeit‹ komisch sind« (GW 11, 246), so will er damit auf komisch wirkende menschliche Schwächen und Fehlleistungen hinweisen, wie auch die für die traditionelle Komödie typische Entlarvungstechnik fortsetzen, die aus der Diskrepanz zwischen dem von den Figuren Gemeinten (ihnen aber nicht oder nicht voll Bewussten) und dem Gesagten resultiert. Neben dem Aufdecken doppelter Moral (besonders beim Zauberkönig) ist Komik bei Horváth häufig mit komplexeren Demaskierungstechniken verbunden, mit einem gleichzeitigen ›Zeigen‹

und ›Verbergen‹ wie auch mit einer Demaskierung der Täuschungsfunktionen der Sprache (s. Kap. 3.3.1 u. Kap. 3.4.4). Da Komik auch oft mit dem Unheimlichen einhergeht, ist sie kaum je die einer unbefangenen Heiterkeit.

Oskar, eifersüchtig auf den sichtlich ohne sein Wissen zur Verlobungsfeier eingeladenen Alfred, zu Marianne: »Er beneidet mich um dich – ein geschmackloser Mensch« (128). Der Zauberkönig, der eben Marianne und Alfred ›entdeckt‹ hat, möchte einen Skandal am Verlobungstag vermeiden und fährt Alfred an: »Daß mir keine Seele was erfährt, Sie Halunk«, und fordert von dem eben als Halunk Apostrophierten das »Ehrenwort« (138). Gegenüber der eifersüchtigen Valerie hat Alfred eine Ausrede parat: »Ich wollte dir ein Pupperl kaufen« (119), wobei die Doppeldeutigkeit des ›Püppchens‹ für Valerie und den Zuschauer klar wird. Von massiverer Komik ist Alfreds Beteuerung »Gott ist mein Zeuge, dass ich nie ein Kind hab haben wollen, das hat nur sie haben wollen – und dann ist es halt so von allein gekommen« (148). An zynische Witze erinnert die Begrüßung Hierlingers durch die blinde Helene: »Ach guten Tag, Herr von Hierlinger! Das freut mich aber, dass wir uns wiedermal sehen« (152). In einer Auseinandersetzung mit Valerie vergisst Alfred, den ganzen Wortlaut einer Beschimpfung zurückzuweisen, und entlarvt sich damit selbst ungewollt als »Halunk« (198).

In Erichs »Diese Randbemerkung ehrt Ihre niedrige Gesinnung, Gnädigste« (173) werden die zwei konträren Bedeutungen (niedrig-gemein – gnädig-vornehm), die sonst in diesen abgenutzten Floskeln nicht mehr zum Tragen kommen, im bewusst konstruierten Zusammenstoß wieder hörbar. Alfreds Aussage »Ich bin eine geschlagene Armee« (199) bezieht ihre Komik aus der unverträglichen semantischen Zuammenstellung. Ähnlich auch – doch Erich kommandiert sich wirklich selbst – Valeries spöttische Bemerkung: »Das ist eine ganze Division« (173). Trotz des Wortwitzes kaum mehr komisch ist Alfreds Entschuldigung vor Valerie: »Ich hab ja schon vor mir selbst gar kein Schamgefühl mehr, weil ich weiß, daß ich dir Unrecht getan hab« (198). Von derberer Art ist seine Antwort, als sich Marianne durch seine geschickte Fragetechnik überrumpelt fühlt: »Wie Sie das alles aus einem herausziehen« – »Ich will gar nichts aus Ihnen herausziehen. Im Gegenteil« (124). Natürlich meint er das nicht ›so‹, aber mit seinem Versprecher entlarvt er sich selbst als einen, der nicht so sehr an Liebe, sondern mehr am »Lieben« (137) interessiert ist. Die Entlarvung der Figurenrede kann auch durch Pleonasmen erfolgen. Mindestens ein Wort zu viel ist hineingeraten in: »Daß ich dich nämlich nicht hab haben wollen – dafür trägt aber nur mein Verantwortungsgefühl die Verantwortung« (139), im Munde eines, dem Verantwortung ein Fremdwort ist. Auf die Feststellung des Hierlinger, Alfred und Marianne seien nicht auf »Rosen gebettet« (149), antwortet Alfred mit metaphorischem Schwulst: »Auf Dornen, lieber Ferdinand! Auf Dornen und Brennesseln, wie der selige Hiob« (150). Kitsch, wenn er »sichtbar« wird, wirkt »komisch«, merkte Horváth (zit. nach: Mat GLH, S. 71) einmal an.

In vielen dieser Beispiele zeigt sich der Einfluss der von Nestroy perfektionierten Form des Sprachwitzes, in dem Gegensätze, Nebenbedeutungen und konnotative Unterströmungen eines Wortes aufeinander prallen.

Eine traditionelle Entlarvungstechnik liegt vor, wenn der Zauberkönig einen Vortrag über den Verfall der Sitten hält, während er sich als Voyeur und Geruchsfetischist entpuppt (»*entdeckt Valeries Korsett, nimmt es an sich und riecht daran*«): »Diese heutige Zeit ist eine verkehrte Welt! Ohne Treu, ohne Glauben, ohne sittliche Grundsätz. Alles wackelt, nichts steht mehr fest. Reif für die Sintflut« (131). Diese »geile Lüsternheit des Zauberkönigs [...] zerlegt eine Figur und präsentiert ihre moralische Schizophrenie aufs Sinnfälligste dem Publikum.« (Kurzenberger 1974, S. 49)

Ins Farcenhafte geht ein Kurzdialog zwischen Valerie und Erich:

Schuß.
Wo wohnen Sie denn? – Ich möchte gerne ausziehen. – Ich hätt ein möbliertes Zimmer. – Preiswert? – Geschenkt. – Das träfe sich ja famos.
Schuß. (134)

Schießen und ›Angeln‹, studentischer Sparwille und erotische Bedürftigkeit, Zimmersuche und (vor allem) Zimmerangebot fließen ineinander, wenn sich die beiden in diesem ›Schnappschuss‹ (möchte man sagen) eins werden. Karikaturistisch gezeichnet – die karikaturistischen Stellen in seinen Stücken könne man »an den fünf Fingern herzählen«, (GW 11, 216) meinte Horváth, was wohl eine Untertreibung ist – ist auch die Passage, in der der angeheiterte Zauberkönig den Militarismus Erichs aber auch seine eigene ausgeleierte Fortschrittsphrase mit einem Fall unter den Tisch decouvriert:

ERICH Stillgestanden! *Er knallt die Hacken zusammen und steht still.*
[...]
ZAUBERKÖNIG Wie lang daß der so still stehen kann. – Stramm! Sehr stramm! Respekt! Es geht wieder aufwärts mit uns! *Er fällt unter den Tisch.* (171)

Karikaturen sind auch Erich, der preußische ›Windjackenjüngling‹ und Jung-Nazi, sowie der senile Rittmeister und der wirtschaftlich erfolgreiche, doch erotisch ›komplizierte‹ (180) Mister mit seinem »alten, biederen, treuen, goldenen Wiener Herz« (174), der sich selbst als einen bezeichnet, der nur noch mit Prostituierten »was anfangen« (180) kann. Der Rittmeister, diese »Chimäre des stereotypen Männercharmes der Operette« (Huder 1970, S. 177), dieser alt-österreichische ›Soldat‹ (183), wird ebenso sehr dem Spott preisgegeben wie Erich, das neu-deutsche Mitglied des »akademischen Wehrverbandes« (133), was einige österreichische Rezipienten mit ihrem durch antipreußischen Affekt bedingten blinden Fleck nicht wahrhaben wollen. An des Rittmeisters Klischee vom »Draußen im Wald« (163) kann sich der xenophobe Wiener delektieren, hat er es doch vielleicht schon selbst verwendet. Gesehen wird des Rittmeisters Wahrung der Contenance, belächelt seine angeblich ›liebenswürdige‹ Amnesie, oft übersehen jedoch seine versteckte Brutalität (s. u., S. 53f.).

»*Schrammelmusik und Blütenregen*« (170) heißt es zu Beginn der Heurigenszene, das täuscht noch kurz ›Gemütlichkeit‹ vor. Karikatur ist die massierte, scheinbar beliebige Aneinanderreihung sämtlicher Wien- und Österreich-Klischees durch den Mister und die ›Heurigenpartie‹. Gerade dadurch aber sollen sie als Klischees entlarvt werden. Auf knapp drei Seiten (174ff.) heißt es wie durchkomponiert: »Oh du mein lieber altösterreichischer Herrgott aus Mariazell«, »Das goldene Wiener Herz«, »Mein Muatterl war a Wienerin«, »Wien, Wien, nur du allein«, »Die Stadt meiner Träume«, »Jetzt trink ma noch a Flascherl Wein«, »Donau so blau, so blau«, »Hollodero« usw. usf. ad lib.

(Sozusagen) Interludium der ›äußeren‹ Gewalten: »Windhosen« und »Tornados« und »Erdbeben« (175). Gleich darauf beginnt es – atmosphärisch passend – wirklich zu regnen.

(Sozusagen) Finale mit da capo: »*Allgemeines Saufen*« (175). Auf das Gespenstische und latent Destruktive des Geschehens wird durch eine immer wieder einsetzende ›*Totenstille*‹ hingewiesen. Trotz der Kreisbewegung der Heurigenszene hat das Toben der »*weinseligen*« (170) Saufgesellschaft noch lange kein Ende: Zur Entladung des Furors begibt ›man‹ sich mit »*aufgespannten Regenschirmen*« (177) ins Maxim, wo es dann zu Sensation, Skandal, »Schande« (186) kommt. Die Karikatur in der Heurigenszene ist bei Horváth nicht Selbstzweck, sondern funktional in seine spezifische Mischung des Komischen und Tragischen integriert.

3.3.7 »Kein Satiriker« oder ›totale‹ Satire?

In der *Italienischen Nacht* (1931) richtete sich Horváths Satire gegen Rechts (nationalistische Rabauken) *und* gegen Links (Zerstrittenheit der Sozialdemokratie, Feigheit der Funktionäre; Lokalpatriotismus und moralische Schwächen der ›linken‹ Fraktion).

In den *Geschichten* ist diese doppelte satirische Frontstellung auf die Entlarvung des Bürgertums (Zauberkönig und die anderen) und der ›Gegenwelt‹ (Alfred) zurückgenommen. Dabei lassen sich die Verhaltensweisen der beiden nicht gegeneinander ausspielen. Horváth beruft sich nicht auf ein abstraktes Ideal, an dem das Gezeigte zu messen wäre wie in der Satire im klassischen Sinn, in der »die Wirklichkeit als Mangel dem Ideal als der höchsten Realität« (Friedrich Schiller) gegenübergestellt wird. Bei all ihrer Verschiedenheit haben Zauberkönig und Alfred die Vorbildlosigkeit gemein. »Horváth macht mit der Standpunktlosigkeit moderner Satire Ernst.« (Nolting 1983, S. 126) Da die Figurenrede so sehr vom immer schon Gesagten, von den vorgegebenen Klischees des Jargons (s. Kap. 3.4.1) bestimmt ist, liegt eine »totale« Satire vor. Es gibt in diesem Stück *keinen* Standpunkt mehr »außerhalb dessen, was der Dichter nur noch zitieren kann«; »in einer Zeit, in der es schwierig ist, eine Satire zu schreiben, weil sie ständig von der Realität des Sprechens, dem schon Gewohnten, überboten wird« (ebd., S. 124), in der sogar der Zauberkönig (während der Suche nach den Sockenhaltern!) Juvenals »Difficile est, satiram non scribere« (114) kennt, hat Horváth eine »totale« Satire geschrieben, eine Entlarvung dieses anonymen Sprechens vorgenommen. Am deutlichsten wird dies am Zauberkönig vorgeführt. Ganz gleich, was er mit seinem rhetorischen Talent sagt (besser gesagt: ›zitiert‹), es wird fast immer sofort satirisch zu Fall gebracht – einmal sogar im wörtlichen Sinn: mit dem schon erwähnten Fall »unter den Tisch« (171). Im Maxim stellte er aus der Anonymität der Dunkelheit noch fest: »Nackete Weiber, sehr richtig« (181), reagiert dann aber mit Empörung (183ff.) darauf, dass Marianne unter ihnen ist. Eine komische und kontrapunktisch zu nennende Entlarvung seiner Worte liegt in folgendem Dialog vor:

ZAUBERKÖNIG [...] Denk lieber an dein Mutterl selig! Die Toten hören alles!
MARIANNE Wenn mein Mutterl noch leben würde –
ZAUBERKÖNIG Laß dein Mutterl aus dem Spiel, bitt ich mir aus! (185)

Als die verzweifelte Marianne ihn mit ›Papa‹ anspricht, antwortet er mit einem entlarvend-doppeldeutigen: »Ich bin kein Papa!« (185) Ausgerechnet aber dieser rhetorisch Begabteste des Stücks, der so stur und sprachlich so unirritiert an seinen ›Grundsätzen‹ festhält, kommt einige Male ins Wanken. Da er die *einzige* Figur ist, die im physischen Sinn die aufrechte Haltung verliert, ist die komische und satirische Brisanz dieser Gesten noch verstärkt. Als er Marianne brutal und weinerlich zurückstößt, erhebt er sich empört, *»muß sich aber gleich wieder setzen«* (185), bemerkt, ihm sei übel (»wenn ich nur brechen könnt«) und *»wankt«* (186) schließlich fort.

An eben dieser Stelle wird aber auch deutlich, in welcher Hinsicht das Stück *keine Satire* ist. Bevor der scheinheilig-selbstgerechte Zauberkönig nämlich fortwankt, droht er Marianne noch mit der kleinbürgerlichen Vorstellung des strafenden Gottes (hinter verniedlichender Formulierung versteckt): »Denk lieber an deinen Himmelvater! An unseren lieben Herrgott da droben« (186). Marianne *»schaut [...] empor, dorthin, wo der Himmel liegt«* und sagt leise: »Da droben« (186). Was für den Zauberkönig ausgeleierte Phrase und Bigotterie ist, ist in Mariannes kleiner Geste und der damit verbundenen Bemerkung ›jargonlose‹ Religiosität, die sich markant von der Heuchelei der anderen abhebt, die immer so genau zu wissen glauben, was Gott denkt und will. In Mariannes Äußerungen zeigen sich immer wieder vage Perspektiven eines anderen Lebens. In dieser Utopie schimmert das ›ganz Andere‹ durch: in ihrer ›Pilatusfrage‹ »Was ist Liebe?« (117), in ihrer Verzweiflung vor dem nicht antwortenden Gott (169 u. 206f.), in ihrem Satz »Ich dachte mal, ich hätte den Mann gefunden, der mich ganz und gar ausfüllt« (168). Die Szene I/4 beginnt damit, dass Marianne Alfred »erkennt« (135). So einfach die realistische Motivation dieses ›Erkennens‹ ist – in der Dämmerung nach dem Auftauchen aus dem Wasser ist ihr Blick unklar –, so klingt hier auch die Schönheit eines biblischen ›Erkennens‹ (Genesis 4, 1) als personaler *und* sexueller Liebe an, wie es dann im *Jüngsten Tag* in der Figur der Anna (GW 10, 44 und 63) zur Chiffre wird. Marianne ist in dieser Funktion, das ›ganz Andere‹ als das Unsagbare ahnen zu lassen, mehr als eine Kontrast-Folie (an der nur die Gemeinheit der übrigen ›kenntlich‹ gemacht werden soll).

Der Autor war sich über das Neuartige seiner Satire am ›totalen‹ Jargon nicht im Klaren. Obwohl er im *Cronauer-Interview* (April 1932) noch behauptete: »Ja, ich stehe zur Satire absolut positiv. Ich kann gar nicht anders« (GW 11, 202), distanzierte er sich später davon und wollte den satirischen Gehalt seiner Stücke bestreiten. In einem Entwurf zur *Gebrauchsanweisung* heißt es: »Es ist vollkommen falsch, dass ich Satire geben will. Ich denke nicht daran. Ich will die Leute so zeigen, wie sie sind – das heißt: wie ich sie sehe. Ich sehe sie nicht satirisch« (GW 11, 246). In der Endfassung gesteht er zwar zu, es gäbe einige »satirische und karikaturistische Stellen«, doch in Hinblick auf ein Stück als Ganzes heißt es dezidiert: »Ich bin kein Satiriker«. In diesem Kontext fällt dann die berühmte Formulierung: Es gehe ihm nicht um »Demaskierung eines Menschen, einer Stadt«, »das wäre ja furchtbar billig«, sondern um »Demaskierung des Bewußtseins« (GW 11, 216).

Es erhebt sich die Frage, warum Horváth sich schließlich so vehement von seiner früheren Selbsteinschätzung als ›Satiriker‹ distanzierte. Grund für die »poetologische Verwirrung« (Melzer 1976, S. 28) mag die Befürchtung gewesen sein, als karikaturistischer Entlarver von Städten ›abgestempelt‹ zu werden, nachdem er sich zuerst Wien (1931), dann München (*Kasimir und Karoline*, 1932) ›vorgenommen‹ hatte. In einem Teil der feuilletonistischen Kritik wurde ›Satire‹ abwertend gebraucht und von Karikatur nicht getrennt. Erklären kann man Horváths Leugnen des satirischen Gehalts mit seiner Furcht, seine realistisch intendierte Entlarvung könnte als karikaturistische ›Verzerrung‹ missverstanden werden, und mit seiner Anteilnahme für seine Figuren, in der damaligen Schaffensperiode besonders für die ›Fräuleins‹, die großteils von Satire ausgenommen werden und zu einem tragischen Schicksal fähig sind.

Parodie lehnte Horváth allerdings »radikal« ab – sie »dürfte wohl das billigste sein« (GW 11, 212). Wegen der zahlreichen Musik- und Liedeinlagen konnte das Stück dennoch (und zu Recht) als Parodie auf die Wiener Operette, als ›Anti-Operette‹, bezeichnet werden. Natürlich soll damit das Werk mit seinen komplexen und höchst innovativen Verfahrensweisen nicht auf eine Parodie reduziert werden, das wäre allerdings ›billig‹.

3.3.8 Zur Dramaturgie des Unheimlichen

Das Unheimliche in Horváths Stück ergibt sich vor allem als Folge seines dramaturgischen Verfahrens, dieser ganz besonderen Mischung von Komischem und Tragischem, auf die er selbst hinwies: »Alle meine Stücke sind Tragödien – sie werden nur komisch, weil sie unheimlich sind. Das Unheimliche muß da sein« (GW 11, 220). Kennzeichen des Unheimlichen ist »das Schreckhafte, das im Allvertrauten lauert« (Haag 1988, S. 78), wie z.B. in einer Liebesbeziehung, besonders in der Mariannes zu Oskar und zu Alfred, wie auch in einem Leben, das vom Tod gekennzeichnet ist, der – wie gezeigt wurde – im Stück immer gegenwärtig ist: als Denken ans Sterben oder, in Maskierung, als Skelett in der Auslage (s. Kap. 3.3.2). In den Wachau-Szenen wirkt schon zu Beginn der Kontrast von landschaftlicher Schönheit zum Ruinenschauplatz mit seiner achtzigjährigen ›Märchenhex‹ gespenstisch. Der Anfangswalzer sowie das beklemmende Abbrechen und Wiedereinsetzen der unsichtbar auf einem ausgeleierten Klavier übenden Realschülerin steigert sich beim Heurigen im staccato-artigen Wechsel von tobendem Sauflärm und kontrastierender ›Totenstille‹ zum makabren Totentanz.

Die Dramaturgie des Unheimlichen ergibt sich vor allem auch durch die traumartigen, gespenstischen Doppelgängerfiguren, wobei sie in den beiden Fleischern ihre Perfektion erreicht: »Auf allen Ebenen [...] präsentiert sich Oskar als die exakte Umkehrung seines Gehilfen Havlitschek. Mit seiner blutbefleckten Schürze, der Brutalität, ja Bestialität, seiner Gestik und seiner Rede stellt dieser zur Schau, was bei dem Fleischermeister ›ein Geheimnis, im Verborgenen‹ bleibt.« (Haag 1988, S. 78)

In der Szene I/2 ärgert sich Havlitschek über die kleine Ida: »Sagt das dumme Luder nicht, daß meine Blutwurst nachgelassen hat – meiner Seel, am liebsten tät ich so was abstechen, und wenn es dann auch mit dem Messer in der Gurgel herumrennen müßt wie die gestrige Sau, dann tät mich das nur freuen!« (110) Ida fühlt Oskars ›*lächelnden*‹ Blick und »*es wird ihr unheimlich; plötzlich rennt sie nach rechts ab*« (111). »Ida flieht [also] nicht vor der manifesten Brutalität Havlitscheks, sondern vor dem Blick des (lächelnden) Oskar. Es ist, als substituiere sich der Blick dem drohenden Messer (›sie *fühlt* Oskars Blick‹), diese Konstellation ist es, die es ihr *unheimlich* werden lässt« (Haag 1983, S. 145). Oskars ständiges Lächeln und Grinsen (111, 166, 194, 200) ist das eines lauernden Sadisten. Lächeln wird im Stück geradezu zur mimischen Chiffre kaum mehr verhüllter Brutalität und Bösartigkeit der Figuren. Alfred lächelt, als Ferdinand einen Ausweg weiß (151), der Rittmeister lächelt »*geheimnisvoll*« (174) bei seinen Andeutungen. Mit der gemeinsamen Mimik werden die verschiedenen Arten der Brutalität Oskars und des Rittmeisters verklammert: An einer Stelle »*grinsen*« sogar beide, »*jeder für sich*« (161). Da in den vorangegangenen Szenen diese Chiffre etabliert worden ist, kann das Lächeln (186) des erotisch ›komplizierten‹ Misters als möglicher Hinweis gelesen werden, dass er Marianne nur aus Bösartigkeit beschuldigte, eine Diebin zu sein.

Emphatischer Gegensatz zu diesen hinterhältigen Formen des Lächelns ist das Mariannes: Es ist von mädchenhaft-verlegener Art (119) beim Erblicken des noch unbekannten Charmeurs oder es ist das einer Mutter, die sich wünscht, die optimistische Prophezeiung der Wahrsagerin (153) möge doch wahr ein.

Im ›Kompliment‹ des Rittmeisters für die Blutwurst und im unmittelbar anschließenden Totengedenken Oskars wirken die beiden Figuren wegen der Diskrepanz zwischen ihrem elegant klappernden Stil und der dabei zu Tage tretenden Larmoyanz und Leere (»Nach dem Essen [...] hatte sie unser Hergott erlöst« [111]) wie satanische Statisten in einem Totentanz.

Aufschlussreich ist, dass nur weibliche Figuren ihre Umwelt immer wieder als bedrohlich empfinden. Dabei kann Valerie ihr Entsetzen nur hysterisch zeigen. Oskars apokalyptischen Bildern des Quälens, in denen sich sein Sadismus fast unverstellt (allerdings als Masochismus getarnt) zeigt, kann sie nur ein Schreien und ein: »Hörens auf, seiens so gut!« (166) entgegensetzen. Das in der Jargon-Fügung abgenutzte ›gut‹ reibt sich mit geradezu hörbarem Knirschen an Oskars verbaler Brutalität und seinem Lächeln.

Marianne ist beim ersten Auftauchen Alfreds zwar »*fast fasziniert*« (118), als er jedoch an die Fensterscheibe trommelt, sieht sie ihn »*plötzlich erschrocken*« (119) an. Sie wird sich später erinnern: »Da hab ich die Rouleaus heruntergelassen, weil es mir plötzlich unheimlich geworden ist« (145). Als Marianne zufällig auf die gerade den perfiden Brief diktierende Großmutter trifft und bevor im Schlussbild die tödliche Grausamkeit zuschlägt, wird es ihr »*plötzlich unheimlich*« (204).

3.4 Sprachliches Verhalten der Figuren

Die Sprache der *Geschichten aus dem Wiener Wald* ist ein höchst komplexes ›Kunstwelsch‹, wobei das raffiniert Artistische besonders an der dialogischen Ebene (Doppelbödigkeit, Täuschungsfunktion, ›Stille‹) festzumachen ist.

Wolfgang Boelke (1970, S. 158ff.) wies als einer der ersten auf das Artifizielle und auf den »Demonstrationswert« bestimmter Kunstgriffe hin. Diese zeigen sich vor allem in der Spannung zwischen der zu Tage tretenden ›Dummheit‹ (101) oder Halbbildung = »Bildungsjargon« und den gerade in dieser so anonymen Sprache wieder möglichen Verstellungen. Hinter einem höchst eloquenten Wust von »angelerntem Bildungsbrei« (Emrich 1970, S. 144), von Moralismen und Gemeinplätzen, von sprachlichen Versatzstücken, stehenden Redewendungen, Schablonen und Phrasen können die Figuren ihre Brutalität, ihre Gemeinheit und tückische Gedankenlosigkeit verbergen. Man darf deshalb nicht alle sprachlichen Klischees als ›Sprachnot‹, als ›defizitäres‹ Sprechen, als ›Sprachmangel‹ und dergleichen mehr über einen Kamm scheren.

3.4.1 »Bildungsjargon«

Um einen »*heutigen* Menschen realistisch schildern zu können« (GW 11, 219), müsse man ihn den ›Bildungsjargon‹ sprechen lassen, wie er typisch sei für die Bewohner der deutschsprachigen Länder. Da diese, meint Horváth, »zu neunzig Prozent aus *vollendeten* oder *verhinderten* Kleinbürgern« bestehen (Herv. v. Verf.), ist in der Verwendung des ›Bildungsjargons‹ das Charakteristische seines Realismus zu sehen. Realismus heißt hier ganz konkret auch: in den Wiener Cafés und ›Vorstadtbeisln‹, die Horváth so gerne besuchte, mimetisch ›Abgelauschtes‹. Da sich im ›Jargon‹ des Stücks verleugnete Mundart mit missglückter, gestelzt wirkender Hochsprache verbindet, ergibt sich eine Synthese von »Ernst und Ironie«. In seinen Stücken dürfe es »kein Wort Dialekt« geben, forderte Horváth nämlich, »jedes Wort muß hochdeutsch gesprochen werden, allerdings so wie jemand, der sonst nur Dialekt spricht und sich nun zwingt, hochdeutsch zu reden« (ebd.). Diese synthetische, ›abgehobene‹, Sprache wird in den ›hohen‹ Minneschwüren der Szene I/4 am sinnfälligsten ironisiert, in der Alfred und Marianne auf sprachlichen Kothurnen gehen, etwa indem sie sich das für die süddeutsche Umgangssprache absolut unübliche Präteritum ›aufsetzen‹: »Ich wußte es« (135). Wie wenig die Figurenrede mit Dialekt zu tun hat, lässt sich auch am Vergleich mit den in die Heurigen-Szene einmontierten Liedtexten (170ff.) aufzeigen, die im Alt-Wiener Dialekt verfasst sind: ›Muatterl‹, ›ziagt‹, ›anzige‹, ›mei Alte‹, ›nöt‹, ›wana‹, ›kana‹, ›drahn‹, ›gengan‹, ›trink ma‹ usw.

Dies soll nicht heißen, dass die Figurenrede keine landschaftliche Färbung aufweist. Sie muss jedoch – so ist Horváths Forderung zu verstehen – in phonetischer Hinsicht geleugnet werden, um die ironisch intendierte ›Künstlichkeit‹ dieses Sprechens sichtbar zu machen. In Syntax, Morphologie und Wortschatz ist die Grundierung da; etwa in: ›und sehns‹, ›der Tante ihr Grammophon‹ (135), ich »tät« (159) statt ich ›würde‹ fahren, »lebt sich da in wilder Ehe zusammen« (156f.) usw. In Bezug auf diese Bereiche wollte Horváth die Herkunft dieses Sprechens keineswegs leugnen; er wies sogar ausdrücklich darauf hin, er schreibe »süddeutsch«, weil er »nicht anders kann« (GW 11, 216).

In Hinblick auf die inhaltliche und pragmatische Ebene ist die Figurenrede eine angelernte Sprache, »angeeignet durch eifriges Zuhören bei Volksschullehrern, Politikern, Pfarrern und Filmschauspielern« (Hollmann 1972, S. 97). Es handelt sich um einen ›Jargon‹ im Sinne einer anonymen und unpersönlichen Sprache, was am sinnfälligsten an den zahlreichen indefiniten Pronomina (›*man*‹, ›keiner‹, ›wir alle‹) und Partikeln (›mal‹, ›halt‹, ›*eigentlich*‹) zu Tage tritt. Gerade letzteres Wort signalisiert fast immer das Gegenteil: ›uneigentliches‹ (gedankenloses, vorgefertiges oder lügenhaftes) Sprechen.

Wegen der zahlreichen Klischees und der vorgeprägten Schablonen wurde diese Sprache sogar als »totaler« Jargon (Nolting 1983, S. 116ff.) bezeichnet. Es ist dieser allgemeine, *mörderische* ›Tonfall‹ – der genauso ›*in der Luft*‹ liegt wie das Singen und Klingen –, an dem der ›kleine Leopold‹ sterben muss, bevor er noch geboren ist, mit dem er als jargon-›loses‹ Kind (*infans*) ›letztlich‹ ermordet wird. ›Letztlich‹ bedeutet für die Großmutter möglichst sofort: Sie war »immer« schon dagegen, »etwas Kleines« (203) im Haus zu haben. Was Karl Kraus in einem Aperçu gegen die ›Umgangssprache‹ bemerkte, dass nämlich die Leute in ihr »mit der Sprache nur so umgehen«, wird auch bei Horváth beim Wort genommen. Seine Figuren gehen sprachverachtend (und das ist immer auch: *menschen*verachtend) ›*nur so um*‹. Schwankungen sind in diesem Jargon lediglich im Tonfall unterscheidbar: zwischen »Enthusiasmus und Müdigkeit, Brutalität und Malizösität, Handlungswillen und Resignation« (Nolting 1983, S. 130). Indem die Figuren Jargon sprechen, handeln sie nicht selbstständig, sondern sind ›Marionetten‹ des Jargons als einer Sprache, die ein ›Wissen‹ zu bieten scheint, um den Dingen ›ihren Lauf‹ zu lassen: »Krieg wirds immer geben«, »Krieg ist ein Naturgesetz!«, (195f.) sagt etwa der Zauberkönig. Die Planeten »und so« (201) sind eben schuld, meint Valerie.

Das sprachliche Verhalten ist oft verbale Hochstapelei, verweist damit auf die durch Halbbildung bedingte ›Einbildung‹ (»Dummheit«), die Horváth als Bestandteil der kleinbürgerlichen Mentalität kritisiert. So ist der häufige Gebrauch von Fremdwörtern oder fremdsprachlichen Zitaten unter anderem ein sprachliches Imponiergehabe: »Difficile est, satiram non scribere« (114), »Morituri te salutant« (118), »Cherchez la femme« (147). Fremdwörter können auch der Einschüchterung des Gesprächspartners oder dem Lustigmachen über einen (›ungebildeten‹) Dritten dienen, ein Verfahren, das Horváth in stärkerem Maß in *Kasimir und Karoline* verwendet. In den *Geschichten* freilich gehört ein Teil der (vor allem aus dem Romanischen stammenden) Fremdwörter zur spezifisch österreichischen Umgangssprache und hat dann keine besondere funktionale Bedeutung: »Trafik« (110), »Rouleaus« (145), »buserieren« (147), »stante pede« (148), »avisiert« (152), »dischkuriert« (165), »Plafond« (176). Anders ist es mit den (schon 1931) veraltenden Fremdwörtern bestellt: »derangiert« (109), »molestiere[n]« (133), die auffällig reminiszentes Sprechen signalisieren. Besonders im Munde des ›Schönbrunnerdeutsch‹ sprechenden Rittmeisters, der in der Monarchie viel »herumtransferiert« (111) wurde, wird diese sentimental der Vergangenheit nachtrauernde Haltung deutlich.

Bei Klassikerzitaten besteht meist ein enger Funktionszusammenhang zwischen Text und Handlung. Wenn beispielsweise der Conferencier mit den Worten »Was du ererbt« (178) auf den *Faust* anspielt, so ist das Zitierte nicht nur sprachliche Dekoration, sondern auch ironisch-sarkastischer Kommentar, dass im Maxim das ›Erbe‹ des Vaters gegen Entgelt voyeuristisch einverleibt wird (auch vom Zauberkönig). In Szene III/3 finden im Wandlungsmotiv die in Form einer Kettenreaktion ablaufenden Versöhnungen ihre ironische Brechung. Alfred zitiert aus Nietzsches *Jenseits von Gut und Böse*: »Nur wer sich wandelt, bleibt mit mir verwandt«, (201) und Oskar kann gleich mithalten, indem er aus Goethes *West-östlichem Divan* wiederkäut. Der Bezug zum Geschehen ist klar: Es soll an dieser Stelle ›auf Biegen und Brechen‹ versöhnt werden. Mit der bitteren Bemerkung »Gott, seid ihr gebildet« (201) entlarvt Marianne dieses büchmannsche ›Zitier-Universum‹ und spricht ›eigentlich‹. *Ad spectatores* liegt zwar ein ironisch-epischer Kommentar vor, für die Oskars und Alfreds bleibt's jedoch ohne Konsequenzen, für sie sind es eben wirklich nur »Kalendersprüch« (201). Anders hingegen liegt es mit dem Hiob-Zitat »Gott gibt und Gott nimmt« (190 und 207). Es hat für Großmutter bzw. Oskar die Funktion, die (›letztlich‹ erfolgreichen) Mordabsichten bzw. die Genugtuung darüber zu verbergen. Aus den ›Sprüchen‹ gibt es kein ›Entgehen‹ (139 und 207) genauso wenig wie aus Oskars ›tödlicher‹ Liebe. Die *dramatis personae* nehmen von Anfang an schon den Mund voll mit ›vorgekauter‹ verbaler Brutalität.

Die kleinbürgerliche Mentalität spiegelnden Sprachschablonen und Worthülsen, stehende Redewendungen, konventionelle Floskeln und politische Schlagworte bilden sozusagen die ›mittlere‹ Ebene dieser *Secondhand*-Sprache:

»Wir müssen alle mal fort« (111), »Auch das ist doch nur ein Mensch« (201), »Stille Wasser sind tief« (173), »Zu guter Letzt war ich ja auch kein Engel« (201), »Zu guter Letzt ist bei einer solchen Liaison überhaupt niemand schuld« (201), »Gestern war gestern, und heut ist heut« (201), »Das sind halt so Naturgesetze« (123), »Ich bin an dieser ganzen Geschichte eigentlich unschuldig« (194), »Abgründe tun sich auf« (194), »Ende gut, alles gut!« (192)

Vor allem die so unscheinbare Partikel ›halt‹ hat die »latente« Macht (Orłowski 1976, S. 121), Dialogteile mitzubestimmen, ist Zeichen von Resignation oder von Genugtuung, bzw. von dummer Selbstsicherheit und latentem Zynismus. Mit »es sollte halt nicht sein« (158) wird von Alfred euphemistisch ein Abtreibungsversuch umschrieben, mit fast denselben Worten (105) sein Selbstmitleid, als er noch kein Kind hatte. Und als er ›mal‹ eins hatte, ›rechtfertigt‹ er sich gegenüber dem Hierlinger: Es ist »halt so von allein gekommen« (148). »Ich kann halt nicht nein sagen«, (194) heißt es in *scheinbar* anderem Kontext.

Das sentimentale Syntagma vom ›Mutterl selig‹ entlarvt das Totengedenken als mechanisch und larmoyant: »Wenn Ihr armes Mutterl selig noch unter uns weilen würde, sie hätt eine Freude an ihrem Sohn« (111), meint der Rittmeister zum sich geschmeichelt fühlenden Oskar, der so reagiert: »Es hat halt nicht sollen sein. [...] Nach dem Essen um halb drei – da hatte sie unser Herrgott erlöst« (111). So geht der Dialog scheppernd (aber durchaus elegant) dahin. Später bittet der dabei wieder »fressende« Havlitschek den Oskar, auch in seinem Namen ein Vaterunser für »die arme gnädige Frau Mutter selig« (116) zu beten. Der Zauberkönig gedenkt seiner »unvergesslichen Gemahlin, der Mariann ihrem lieben Mutterl selig« (126). Wie ›ernst‹ das gemeint ist, zeigt sich, wenn er kurz darauf seiner ›Seligen‹ voll Selbstmitleid die »Schererei mit den Spezialärzten« (131) vorwirft, sie zuvor als »bissiges Mistvieh« (118) bezeichnete und in einer späteren Szene behauptet, sie habe ihm »das ganze Leben verpatzt« (176).

Der realistisch abgelauschte »Bildungsjargon« wird durch Transformation ins Artifizielle, durch satirische Zuspitzung zur ›Kenntlichkeit‹ entstellt. Die Figuren richten sich selbst, sie entlarven sich in und mit ihrer Sprache: ›An ihrer Sprache sollt ihr sie erkennen‹. Horváths Werk lässt sich in die sprachkritische Tradition österreichischer Literatur (Nestroy, Hofmannsthal, Kraus) einreihen. »Wir verstehen uns alle nicht mehr«, »Oft verstehen wir uns schon selber nicht mehr« (174) im Munde des Rittmeisters liest sich wie das Echo der Sprachskepsis im *Chandos-Brief* und im *Schwierigen*. Was sich aber in des Grafen Bühl Worten als reflektierte existenzielle Sprachnot artikuliert, ist hier zur platten Redensart, zum ›Hinterhofmannsthal‹, verkommen. Die Figuren verstehen sich nämlich oft nur zu gut (s. S. 68).

3.4.2 Das zoologische Vokabular

Übermütige ›zoologische‹ Vergleiche, aus der Tierwelt stammende gedankenlose Redensarten wie auch Schimpfwörter und gröbste Insultationen durchziehen den gesamten Text. Durch diesen leitmotivischen Sprachgebrauch entlarven sich die Figuren selbst in ihrer Inhumanität, kann es doch mit der Menschlichkeit einer in sich geschlossenen Figurenwelt, die ständig ihre Mitglieder (und teilweise auch sich selbst) als Tiere beschimpft, nicht weit her sein. Ein ›Bestiarium‹ wurde das Stück denn auch schon früh von Kritikern genannt.

Bereits in der ersten Szene kommunizieren Alfred und die Großmutter bei ihrer Begrüßung (!) in aufs Animalische reduzierter Form: »Bääăh. *Er streckt ihr die Zunge heraus.* [...] *Sie streckt ihm die Zunge heraus*« (106). Ein Relikt einer archaischen Direktheit zeigt sich hier, das sich wegen seiner »Unerwartetheit« dem Gedächtnis des Rezipienten (Wertheimer 1983, S. 158) einprägt und eine wörtliche Wiederholung in der drittletzten Szene (188) hat, womit gleichsam ein übergeordneter Rahmen für den ›bestiarischen‹ Diskurs hergestellt wird.

Ist dies die ›private‹ und unverhüllte Form eines ›tierischen‹ Verhaltens, so handelt es sich bei der anlässlich eines Pfänderspiels von den Teilnehmern geforderten Tierimitation um die ›öffentliche‹ und scheinbar belanglose – da gesellschaftlich auch sanktionierte, Spielcharakter aufweisende – Version. Die Tante Henriette muss dabei dreimal »Muh«, der Zauberkönig dreimal »Mäh« (128) schreien. »*Brüllendes* [!] *Gelächter*« (128) der Anwesenden vermerkt die Regieanweisung.

Im Ton der tierischen Beschimpfungen gibt es kaum mehr Unterschiede zwischen *face-to-face* und hinter dem Rücken *ad spectatores*: Valerie nennt den schon abgegangenen Alfred: »[...] Mistvieh. [...] Bestie – « (120) und beschimpft ihn später aus Eifersucht mit »Schweinehund«, während er mit »hysterische Kuh« (130) repliziert. Valerie »*wieder allein*«: »[...] Mistvieh. Drecksau. Bestie« (130), und später beschimpft sie ihn als: »eitler Aff!« (198) Auch den Studenten Erich nennt sie – sie »*starrt ihm nach*« – eine »Bestie« (161), weil sie über seine ›Korrektheit‹ erbost ist.

Als »Affentheater« (148) bezeichnet Alfred zynisch einen missglückten Abtreibungsversuch, gegen den sich Marianne »schon direkt fanatisch gesträubt« (148) hat – so seine Formulierung. Als Bloßstellung der körperlich schwachen Großmutter gedacht ist sein »Um mir weh zu tun gehören Leut, keine Frösch!« (157)

Die Großmutter trägt ebenfalls zum ›zoologischen‹ Diskurs bei: Mit »Lebt sich da in wilder Ehe zusammen, wie in einem Hundestall« (156f.) kommentiert sie die Beziehung Alfred – Marianne und bezeichnet ihre Tochter (Alfreds Mutter) als »Mistvieh« (203).

Auch der Zauberkönig spricht von seiner verstorbenen Frau als einem »Mistvieh« (118), stichelt in der Badeszene gegen die müde Valerie, die eben von der »Tragödie des Weibes« (des alternden Weibes) geklagt hat, mit den Worten: »Der sterbende Schwan« (132), und bevor er in die kühle Flut springt, wendet er auf sich selbst die Redensart des Wiener Jargons an: er schwitze »wie ein gselchter Aff« (129). In III/1 erklärt er mit der Geste des Bescheidwissens dem Rittmeister die Lehre Darwins: »Also das steht doch schon felsenfest, daß wir Menschen mit der Tierwelt verwandt sind« (178), was die Gesellschaft zum Anlass nimmt, übermütige Tiervergleiche mit den Anwesenden herzustellen, und sich dabei in einem ›Spiel der Erwachsenen‹ zu überbieten versucht: Valerie wird zur »Wildkatz«, zum »Leopard« (178) und zum »Känguruh« (179), der Rittmeister zum »Fabelwesen« (179), der Mister zum »japanische[n] Affenpintscher« (179), der Zauberkönig wird als »Hirsch! Ein alter Hirsch!« (179) bezeichnet. Die Regieanweisung – nämlich wieder *»brüllendes Gelächter«* (179) – verdichtet die bestiarischen Vergleiche. Gleich darauf spricht der Zauberkönig am Tischtelefon der Nachtbar mit einem »Mausi« und nennt es »Schweinderl, du herziges« (179). Der Zauberkönig nennt Marianne etwas später »gemeines Schwein« und bezeichnet sie und ihren Sohn als »Brut« (186). Als er aus ökonomischen Motiven schon zur Versöhnung mit ihr bereit ist, braucht er eine notdürftige Rationalisierung: »saudumm« (197) sei sie eben gewesen. Seinen Schmerz, den er bei einem drohenden Schlaganfall verspürt, charakterisiert er als »bestialisch« (196).

Man könnte diese zahlreichen Wortspiele, Vergleiche, Anspielungen und Bilder aus der Tierwelt als für das dramatische Gefüge relativ bedeutungslos abtun – sie einfach als weitere Exemplifizierung für das boshafte Gegeneinander-Miteinander der Figuren auffassen –, gäbe es da nicht eine Gipfelung in einem Dialog, in der diese Korrespondenzen sich zu kondensieren und auf die sie hinzulaufen scheinen, wobei zugleich die Unmenschlichkeit = Bestialität des Zauberkönigs, der sich dieser Metaphern am fleißigsten bedient hat, decouvriert wird. Als der Rittmeister nämlich dem Zauberkönig vorwirft: »Sie sind kein Mensch!«, (183) antwortet jener mit empörtem Gestus:

> »Also das hör ich gern! Was soll ich denn schon sein, wenn ich kein Mensch bin, Sie?! Vielleicht ein Vieh?! Das tät Ihnen so passen! Aber ich bin kein Vieh und hab auch keine Tochter, bitt ich mir aus!!« (183f.)

Mit dieser hart gefügten Paradoxie – »ich bin kein Vieh und hab auch keine Tochter« (184) – entlarvt sich der Zauberkönig selbst in seiner unmenschlichen Grausamkeit gegenüber seiner Tochter: Denn er hat natürlich eine Tochter und er handelte und handelt unmenschlich (wie ein Vieh).

Es fällt auf, dass Marianne dieses zoologische Vokabular nicht kennt. Auch in ihren wenigen Flüchen und grobianischen Äußerungen – äußerster Not und (ohnehin folgenloser) Notwehr entsprungen – bleibt sie auf der ›menschlichen‹ Ebene (vgl. 202, 207). In II/2 bezeichnet sie sich selbst – nicht jemand anderen! – indirekt als »dummes Kalb« (145), und im Schlussbild vergleicht sie sich mit einem geprügelten »Hund« (208). Es ist interessant, dass in einer Vorstufe Marianne noch Agnes hieß und der ›gebildete‹ Oskar sogar eine Art Etymologie ihres Namens kennt: »Agnes heißt ja auch – Lamm Gottes« (Ausgabe BS, S. 214). Was dort noch überdeutlich im Eigennamen steht, wird in der Endfassung gleichsam in den Beruf Oskars zurückgenommen und im Schlussbild des abgeschleppten Opfers szenisch überzeugend umgesetzt.

3.4.3 Der Diskurs der Männer

Als sich Havlitschek zuerst mit Emma und gleich anschließend kumpanenhaft mit Oskar über das ›Weib‹ im Allgemeinen und Marianne im Besonderen unterhält (was im nivellierenden Jargon der beiden Fleischer ohnedies keinen Unterschied machen kann), fallen im Verlauf von ca. einer (!) Seite die Worte »läufige Bestie«, »dummes Luder«, »nichtsnutziges Frauenzimmer« (141), »Sphinx«, »Rätsel«, »Vampir«, »Kameradin«, »ideale Hausfau in persona«, »Engel«, »Die Weiber haben keine Seele, das ist nur äußerliches Fleisch«, »gibts wie Mist«, »ein jeder Krüppel findt ein Weib und sogar die Geschlechtskranken auch« (142). – Allein wegen der »brutalen Gemeinplätze« dieser Sprache »hätte eine mögliche Betroffenheit Oskars über seine geplatzte Verlobung«, wie es in der festen Kopplung des Jargons heißt, »keine Chance, einen eigenen Ausdruck zu finden« (Nolting 1983, S. 120). Was Freud in seinem 1912 erschienenen Aufsatz *Über die allgemeinste Erniedrigung des Liebeslebens* (in: Studienausgabe, Band V, S. 197ff.) erwähnt, nämlich die Spaltung der männlichen Liebe im viktorianischen Zeitalter in »himmlische« und »tierische Liebe« (ebd., S. 202), der Imagines der Frau in Heilige oder Hure, erfährt in diesem Gespräch eine monströse Steigerung und Auffächerung.

Aufgeklärt-verbindlicher – das bedeutet aber auch: dinstinguiert-brutaler – ist das Vokabular von Alfred und dem Hierlinger Ferdinand in II/3: »Cherchez la femme! Wenn die Liebe erwacht, sitzt der Verstand im Hintern!« (147), meint der Hierlinger. Alfred – der bei der brutalen Eleganz des Hierlinger nicht recht mithalten kann – sinniert larmoyant über seine Beziehung zu Marianne: »Sie ist halt so ein Typ, bei dem der richtige Mann mütterlich wird, obwohl sie manchmal schon ein boshaftes Luder ist. Meiner Seel, ich glaub, ich bin ihr hörig« (147f.). »Hörigkeit ist eine Blutfrage. Eine Temperaturfrage des Blutes« (148), repliziert elegant der Hierlinger während des beim Billard geführten Dialogs. Die Unterhaltung wäre zuerst nicht mehr als *machismo* unter Freunden; die Perfidie dieses Dialogs wird erst im weiteren Verlauf klar, als der Hierlinger Rat weiß für Alfred, der »möglichst schmerzlos für alle Teile aus dieser unglückseligen Bindung« (149) herauskommen will. Der Hierlinger kennt nämlich eine mädchenhandelnde Baronin, die ihm »sehr verpflichtet« (150) ist.

Die ungebrochen patriarchalische Sicht – die angeblich ›ausstirbt‹ (vgl. 180) – stellt der Zauberkönig zur Schau, wenn er Oskar rät, seine Verlobte nicht zu verwöhnen: »Das rächt sich bitter!« (118), und sich sprachlich in der Pose des Siegers geriert: »Nur niemals die Autorität verlieren! […] Patriarchat, kein Matriarchat! Kopf hoch! Ave Caesar, morituri te salutant!« (118)

»Abgründe tun sich auf« (194), meint Alfred zu Oskar nach der Versöhnung – natürlich immer nur bei den anderen. Mit Alfreds: »Wir Männer müssten mehr zusammenhalten« (195) ist auch das Einverständnis mit Oskar hergestellt. Dieser antwortet dann fast schon im sprachlich geschickten Gestus des um eine Ausrede nie verlegenen Alfred: »Wir sind halt zu naiv« (195). Man hat hier keineswegs den Eindruck, dass Oskar nicht ›mithalten‹ kann. Wenn es überhaupt so etwas wie ein ›Fortschreiten‹ in diesem Stück gibt, könnte es in einer Angleichung einiger Figuren aufgezeigt werden, die auch sprachlichen Ausdruck findet.

Valerie hat am ›gemütlichen‹ – gemeint ist: am paternalistisch-herablassenden – Segment dieses männlichen Diskurses teil, als sie unter anderem mit folgenden Worten den Zauberkönig mit Marianne versöhnen will (und dabei gleichzeitig an seinen ›Status‹ als Großvater appelliert): »Schau, die Mariann – das ist doch kein böser Mensch, das ist doch nur ein dummes Weiberl – ein ganz armes dummes Weiberl« (197). Im Gespräch mit dem Rittmeister verkündete sie mit einigem ›weiblichen‹ Stolz, dass sie im Versöhnen (nämlich der Marianne mit dem Zauberkönig) geschickter sei als der Angesprochene: »Wir Frauen verstehen das besser als wie die Herren der Schöpfung« (192). Punktuell durchschaut sie das perfide ›Einverständnis‹ der Männer. Als Oskar in ihrer und Alfreds Anwesenheit sagt: »Meiner Meinung nach war der Herr Alfred relativ gut zur Mariann – « (198), bemerkt sie noch: »Wenn ihr Mannsbilder nur wieder zusammenhelft. Oh, ich hab aber auch noch mein weibliches Solidaritätsgefühl!« (198) Gleichzeitig macht der Text aber klar, dass sie sich hier nur mehr aus gekränktem Stolz noch gegen eine Versöhnung mit Alfred wehrt, die später auch gleich ›geschieht‹. Vorher ›muss‹ sie aber noch Alfred und Marianne versöhnen, macht dabei aber Marianne noch Vorwürfe: »Du hast ihm auch keinen genügend starken inneren Halt gegeben!« (201) Spätestens an dieser Stelle wird deutlich, dass Valerie, eine der ›unkonventionellen‹ Figuren im Stück, wenn's drauf ankommt, die traditionellen patriarchalischen Normen internalisiert hat.

3.4.4 Täuschungsfunktionen der Sprache

Dem szenischen Verfahren simultanen ›Zeigens‹ und ›Verbergens‹ (s. Kap. 3.3.1) entsprechen die Verstellungen in der Figurenrede. Die vielen leeren Formeln und Floskeln – von einem Teil der Kritik vorschnell als ›entfremdetes‹ Sprechen auf den Begriff gebracht – haben häufig die Aufgabe der Irreführung. Man sollte deshalb nicht alle Figuren in allen Situationen als ›Marionetten‹ bezeichnen, die gewissermaßen an den Schnüren des Jargons als einer vollkommen eigenmächtigen Sprache hängen. Gerade weil die vorgeprägten Sprechweisen nicht mehr individuell, sondern anonym sind, kann sich hinter der ›äußeren‹ Schicht des Bildungsjargons eine »Fülle von Intentionen« (Kurzenberger 1974, S. 18) verbergen, kann sogar dieselbe Phrase in ganz verschiedenen Bedeutungen verwendet werden. Die vorgefertigten Liebesschwüre in I/4 erwecken bei Marianne Hoffnungen und sind Ausdruck eines utopischen Strebens nach Liebe, während sie bei Alfred der Täuschung und auch der Selbsttäuschung dienen.

Lügenhaftigkeit liegt von allem Anfang an vor. Dass *ab ovo* unaufrichtig gesprochen wird, dass die Figuren dies (teilweise auch vor sich selbst) mit ihrem sprachlichen Verhalten kaschieren wollen, lässt sich aus einer Reihe struktureller Eigenarten des allerersten Dialogs (103) ableiten: Die stereotypen Wortwiederholungen der Mutter (zweimal »lieber Alfred«; »deine liebe Mutter«) und die ungewöhnliche Dichte modaler und temporaler Partikel in Alfreds Antwort (»ja schon längst immer wieder«) wie auch der Zusammenprall der verschiedenen Bedeutungen des Wortes ›kommen‹ (wie es auch bei Nestroy stehen könnte) signalisieren dem Rezipienten, dass eine emotionale Beziehung vorgetäuscht wird, die »jeder Grundlage entbehrt« (Wertheimer 1983, S. 156). Auffällig ist auch das »total vergessen« sowohl in den Worten der Mutter als auch in Alfreds ausweichender Replik.

Die devot-misstrauischen Bezeichnungen für Alfreds Bekannte beginnen bereits in der zweiten Wortmeldung der Mutter, als sie Alfreds Freund den »Herrn von Hierlinger« (103) nennt. Das Fassadenhafte dieser Anrede wird später ins Karikaturistische gewendet, wenn in II/4 nicht nur der ›Dienstbot‹, sondern sogar die Schwester der Baronin den Hierlinger mit »Herr von« (152) anspricht. Der satirisch-entlarvende Impetus richtet sich (wie so oft bei Horváth) gegen zwei Seiten, denn ausgerechnet die windigste Figur des Stücks, deren Namensgebung »Der Hierlinger Ferdinand« eher proletarische Herkunft markiert, wird mit »von« angesprochen, gleichzeitig aber wird in Helenes unangebrachter Devotheit die Verkommenheit des Adels sinnfällig.

Die Mittel, mit denen die Täuschungen in der Figurenrede ›demaskiert‹ werden, sind: schiefe und überladene Metaphorik, Satzbrüche, Doppeldeutigkeit der Repliken, scheinbar unpassende Modalverben wie auch Pleonasmen, so etwa in Alfreds schon zitiertem Ausspruch: »Dafür trägt nur mein Verantwortungsgefühl die Verantwortung« (139). Decouvrierend sind oft kleine Partikel: Der Zauberkönig ist gegen das Platzen der Verlobung, »auch [!] aus moralischen Gründen« (138), womit sein eigentliches Motiv, die Furcht vor der Gefährdung seiner ökonomischen Situation, sichtbar wird. Eine viel komplexere Demaskierungstechnik liegt bei Oskars Versöhnung mit Alfred vor:

»Und sehens, deshalb war ich Ihnen [= Alfred] persönlich eigentlich nie so recht bös – Ihnen hab ich nie etwas Böses gewünscht – während die Mariann – *Er lächelt.* Ja, die hat bitter büßen müssen, das arme Hascherl – für die große Leidenschaft ihres Lebens« (194)

Ist schon in Richtung Alfred die Häufung von Modalpartikeln (›persönlich‹, ›eigentlich‹, ›nie so recht‹) verdächtig, so enttarnt sich Oskar in Richtung Marianne (›das arme Hascherl‹) endgültig, weil er mit einem Nominativ (›*die*‹ Mariann) statt mit dem zu erwartenden indirekten Objekt fortsetzt und damit klar wird, wem er das ›Böse‹ vor allem wünschte. Verräterisch ist auch sein Lächeln, das im Stück als Chiffre verdeckter Brutalität dient (s. o., S. 43). Decouvrierend ist immer wieder der falsche Gebrauch von Modalverben, was bereits nach der geplatzten Verlobung deutlich wird: »Mariann, ich wünsch dir nie, daß du das durchmachen sollst, was jetzt in mir vorgeht« (139). Eine hier an sich noch mögliche Betroffenheit eines Verlassenen wird sofort in einen versteckten Wunsch (›*nie*‹ an falscher Stelle!) gewendet, es *solle* Marianne genau so ergehen. Es folgen Worte, die die Assoziation des Zuschnappens einer Tierfalle hervorrufen, wobei Oskar seine latente Destruktivität als Liebe und Dank formuliert: »Und ich werde dich auch noch weiter lieben, du entgehst mir nicht – und ich danke dir für alles« (139). Seine Philistrosität steigert sich, als er eine Möglichkeit sieht, dass Marianne zu ihm zurückkehrt. Dabei wünscht er sich den Tod des Kindes unverhüllt herbei (165), ergeht sich in wollüstigen Fantasien, die sich zu perversen Visionen steigern: »Ich werde an meine Mariann denken – ich nehme jedes Leid auf mich, wen Gott liebt, den prüft er. – Den straft er. Den züchtigt er. Auf glühendem Rost, in kochendem Blei« (165f.). Diese ›freien‹ Assoziationen eines Sadomasochisten führen hin zur Hunde-Metapher des Schlussbilds:

OSKAR Ich bin doch kein Sadist! Ich möcht dich doch nur trösten. [...] Gott gibt und Gott nimmt. [...] Gott ist die Liebe [...] – und wen er liebt, den schlägt er –
MARIANNE Mich prügelt er wie einen Hund!
OSKAR Auch das! Wenn es nämlich sein muß. (207)

Nicht so sehr das kleinbürgerliche Bild des strafenden Gottes ist hier das Interessante, sondern Oskars Tarnung: »Ich bin doch kein Sadist« und die Tatsache, dass er sich implizit (›*wenn* es *nämlich* sein *muß*‹) mit dieser ›transzendent‹ prügelnden Instanz identifiziert. Die sprachliche Camouflage vor sich selbst ist so perfekt wie bei der Großmutter, bis hin zum Hiob-Zitat (s. u.).

Des Rittmeisters Brutalität ist von hämischer Art. »Besondere Überraschungen«, »sehr pikante Überraschungen« (176) kündigte er beim Heurigen an, »im geeigneten Moment« werde »man offiziell bekanntgeben« (174), wo die Marianne steckt (sichtlich setzt sich hier ein Pensionär mit einem Amt gleich!). So senil ist er nicht, dass er nicht rückblickend die langfristig überlegte Aktion (»ich war nämlich schon öfters da – erst gestern wieder« [183]) als lautere Absicht hinstellen könnte. Als »menschliche Pflicht« stellt er seinen Verrat nach dem Skandal dar, er habe dies »nicht mehr länger mitansehen können« (183). Im ›*mit*‹-ansehen wird sein voyeurhaftes Sich-Weiden entlarvt.

»Mein Gewissen ist rein und trotzdem. Ich war doch damals im Maxim nur von den altruistischesten Absichten beseelt – versöhnend hab ich wirken wollen, versöhnend – und derweil hat sich eine Tragödie nach der anderen abgerollt.« (191)

Im elliptischen ›trotzdem‹ und im schiefen Bild der ›abrollenden‹ Tragödien entlarvt er sich selbst. Dass Tücke bei ihm so lange verborgen bleiben kann, ist darauf zurückzuführen, dass er zuvor als karikaturistische Staffage durch näselnd-vornehmen Tonfall und chevalereske Maske imponiert hat. Mit »Niveau, Niveau« (111) und »Kompliment! First class!« (111, 160) lobte er Oskars ›zarte‹ Produkte. Seine ›altruistischen‹ Absichten sind genauso wenig für bare Münze zu nehmen wie Oskars Ausspruch, er sei kein Sadist, bzw. Alfreds Beteuerung, er sei kein (egoistischer) »Verstandesmensch« (143).

So vielfältig wie die ›Berufe‹ dieser charmanten »Rennplatzkapazität« (108) sind seine sprachlichen Verstellungen. Pferdewetten und Rennplätze werden so oft (107f., 120, 143, 165, 188, 199, 206) erwähnt, dass man nicht nur bei Valeries zweideutiger Frage »was machen denn die Pferdchen?« (165) stutzig wird. Einmal berichtet Alfred, er wolle nach Frankreich (damals Wirtschaftswunderland) fahren, denn »hier müsste ich heut nämlich zu sehr unter mein Niveau herunter« (165). Die Überfülle deiktischer Wörter (›ich‹, ›hier‹, ›heut‹, ›mein‹) und vager Modulierungen (›müßte‹, ›nämlich‹, ›*zu sehr*‹) sowie das pleonastische »unter [...] herunter« lassen ahnen, dass er früher wohl auch ›anderes‹ gemacht hat. Sie können freilich in ihrer Komik nur notdürftig verbergen, dass ›Niveau‹ auch für seine dubiose Gegenwart zur leeren Floskel verkommen ist. Sich auf die Frage einzulassen, wie ›tief‹ Alfred nun in den zweiten Bezirk mit seinem »Trabrennplatz« (188), mit seinen kleinen Cafés »und so« (104), mit seinen »Pferdchen« (165) eben, eingedrungen ist, hieße geradezu, den Maskierungen eines ›gesichtslosen‹ Meistercharmeurs auf den Leim zu gehen. In Hinsicht auf sprachliche und berufliche Tarnung gilt: Sein ›wahres‹ Gesicht lässt sich überhaupt nicht festlegen. Es ist als das »dynamische Prinzip permanenter Verstellung« zu begreifen (Haag 1988, S. 79; im Kontext auf Oskar bezogen). Relevant ist, dass Alfred sich Marianne gegenüber als ›Strizzi‹ verhalten hat. Dieser wird das Fragwürdige seines Verhaltens selbst bewusst: Aus »moralischen Gründen« (199) war sie nach dem Zusammenziehen gegen Alfreds Tätigkeit auf den Rennplätzen. (Alfred benennt den ethischen Gegensatz mit einem Nestroy'schen Wortungetüm ›sachlicher‹: »Lebensauffassungsunterschied« [199].) Das Wort »Zuhälter« fällt im Stück nur ein einziges Mal: im Kontext erboster Wut zuammen mit anderen gröbsten Insultationen (»Mistvieh« und »Bestie« [120]). Es wird dadurch in seiner Entlarvungsfunktion entwertet.

Frömmeln und Bigotterie sind in besonders krassem Ausmaß bei der Großmutter gegeben, die im Brief an Marianne ihre Bibelkenntnisse zur heuchlerischen Rechtfertigung eines Mordes verwendet: »Gott der Allmächtige hat es mit seinem unerforschlichen Willen so gewollt, daß Sie, wertes Fräulein, kein Kind mehr haben sollen« (204). Nicht um Demaskierung des verbrecherisch Bösen ist es hier dem Dichter zu tun, sondern um die Entlarvung des Versuchs, eine kriminelle Tat als das eigentlich Gottgewollte zu tarnen, auch vor dem eigenen Bewusstsein: »Gott gibt und Gott nimmt« (190).

An einigen Stellen werden die sprachlichen Verstellungen durchlässig, etwa wenn geschäftsorientiert-freundliche Sprach-Maske im Satzverbund nahtlos in derbsten Fluch umschlägt: »Küß die Hand! Krepier!« (161) Viel subtiler (weil hinter Operettencharme und ›Schönbrunnerdeutsch‹ versteckt) ist ein solches Umschlagen beim Rittmeister. Mit »Das war jetzt ein Fauxpas! Ein Lapsus linguae« (162) entschuldigt er sich bei Valerie. Wäre das erste Wort zusammen mit dem Handkuss eine akzeptable (sogar eine ›meisterliche‹) Entschuldigung, so wird es durch das hinzugefügte »Lapsus linguae« erst eigentlich zum Affront. Ein solches »Wechselbad von Ordinärem und unverstandener Kultiviertheit« (Kahl 1970, S. 157) ist jedoch für das Stück keineswegs typisch. Es tritt nur im Kontext sich empörtest gerierender Sprechweise (Zauberkönig) oder als Folge senilen Charmes (Rittmeister) auf.

3.4.5 »Stille« als ›innerer‹ Dialog und als ›Aphasie‹ des Jargons

Eines der wichtigsten szenischen Zeichen in Horváths dramatischem Werk, auf das der Autor in der *Gebrauchsanweisung* selbst hinweist, ist die »Stille«: »Bitte achten Sie genau auf die Pausen im Dialog, die ich mit ›Stille‹ bezeichne«. Mit den terminologischen Mitteln, die ihm zur Verfügung standen, fährt er fort: »Hier kämpft das Bewußtsein oder Unterbewußtsein miteinander und das muß sichtbar werden« (GW 11,220), bzw. es handele sich um den »Kampf des sozialen Bewußtseins gegen das asoziale Triebleben und umgekehrt« (GW 11, 248 und 250).

›Fortsetzung des Dialogs mit anderen Mitteln‹ könnte als allgemeinere Charakterisierung dienen, die mehr abdeckt als das in Horváths eigener Formulierung Anvisierte und von vulgär-psychoanalytischen Interpretatoren bereitwillig Aufgenommene.

Bevor im Stück noch ein Wort gesprochen worden ist, schreibt der Autor schon eine »*Stille*« (103) vor. Das Misstrauen zwischen Alfred und der Mutter wird damit ebenso ›sichtbar‹ wie durch den verlogenen und ›lauernden‹ Ton zwischen den beiden, wie er in der Diskussion über die seltenen Besuche (103f.) und in der unverhüllten Neugier der Mutter, Alfreds eigentliche Beziehung zu seinen neuen Bekannten (Valerie, Hierlinger) und seine berufliche Situation betreffend, zum Ausdruck kommt. Seinen sich windenden Ausflüchten wird dabei fortlaufend eine ›Stille‹ voran- oder nachgestellt. ›Stille‹ markiert hier keineswegs ein Abbrechen des Dialogs, sie hat hier auch keinen Wechsel des Themas zur Folge. Im Gegenteil: Mit »erstaunlicher Insistenz« überwindet die Mutter Alfreds Blockaden und führt das Gespräch zurück auf den Punkt, der sie interessiert. »Im Wechselspiel von Verstummen und Neuansatz« soll der Leser erkennen, dass zwischen den Figuren weit mehr vorgeht, als er bisher glaubte, »dass er gleichsam nur über Bruchstücke, Bewusstseinsfragmente« verfügte (Wertheimer 1983, S. 157).

Als Valerie an das Grab ihres verstorbenen Mannes denkt (108), dabei auch an ihr eigenes Alter erinnert wird (109), signalisiert die ›Stille‹ (108) für Valerie selbst und für den Zuschauer den »Einbruch des ›Anderen‹, des Unheimlichen, das versteckt bleiben müsste und sich plötzlich zeigt« (Haag 1983, S. 148). Als Alfred jede Mitbeteiligung an Mariannes sozialem Abstieg mit einem perfiden »Ich werd sie wohl aus den Augen verlieren« von sich weisen will, beschimpft ihn Valerie mit »grandioser Schuft« (164). In der dazwischen liegenden ›Stille‹ wird ihr Entsetzen wie auch ihr Zögern vor der Beschimpfung deutlich, wohl aber auch das kurze Innehalten eines, der sich vor dem misslungenen Verbergen seiner Tücke auch schon wieder davonstehlen will. Ängstliches Entsetzen der Mutter über das, was die Großmutter »heut nacht gemacht« hat (190), nämlich den kleinen Leopold in die todbringende Zugluft gestellt zu haben, und »*lauernd[e]*« Angst der Großmutter, dabei ertappt worden zu sein, prallen in einer ›Stille‹ aufeinander. In einer zweimal vorgeschriebenen ›Stille‹ (200) zeigt sich Mariannes Entsetzen vor dem philiströsen Verzeihungs- und Eheangebot

Oskars, dem nur der sichtbare Makel, nämlich das »Kind«, als Hindernis entgegensteht.

Die ›Stille‹ kann auch eine explizit formulierte Steigerung erfahren, etwa indem sie mit einem Abbrechen des Walzers (119) verbunden wird und darauf aufmerksam macht, dass Alfreds Weg in die Puppenklinik aus seinem Interesse an Marianne zu erklären ist. Mit *»peinliche Stille«* (106) wird einmal angegeben, um was es geht: Der Hierlinger merkt, dass er sich *»irgendwie«* (106) verplappert hat. Bereits zu Beginn der Heurigen-Szene wird es einen Augenblick *»totenstill«* (170) – bezeichnenderweise nach dem Wachaulied; die gespenstische Pause weist darauf zurück, dass Marianne es gesungen hatte, während sie verschachert wurde (II/4). ›Totenstille‹ vor dem Aufbruch ins Maxim (176), vor Mariannes Auftritt als nackte Allegorie des Glücks (181) und unmittelbar nach dem ›Skandal‹ (182). Als Erich sich selbst kommandiert und sich als »Division« (173) apostrophiert, herrscht ebenfalls *»Totenstille«* (173), die als textueller prophetischer Fingerzeig auf die Ruhe vor dem Toben der ›Sturm‹-Abteilungen lesbar ist. Entlarvt wird mit einer ›Totenstille‹ auch des Rittmeisters Maliziösität: »pikante Überraschungen« werde es im Maxim geben, »sehr pikante« (176). Die wiederholte ›Totenstille‹ in der Heurigen-Szene steht dabei im schärfsten Kontrast zum musikalischen Gemeinschaftslärm der Saufgesellschaft, zum »lauten Fühlen« (Brecht, zit. nach: Nolting 1983, S. 127), dient so der dramaturgischen Verstärkung des gespenstischen Geschehens. Daneben kann diese ›Totenstille‹ ein an die Regie gerichtetes Signal sein, die ›Gemütlichkeit‹ der Heurigen-Szene möglichst schnell zu entlarven. Einige Regisseure ließen hier Gemütlichkeit erst gar nicht zu.

Besonders markant ist eine angesagte ›Stille‹, wo sie ein Gespräch gleichsam ›strophisch‹ gliedert, und das geschieht mehrmals (103ff., 111f., 132, 135ff., 143ff., 158f., 164f., 168f., 199ff.). Die höchste strukturelle Dichte (fünfmal auf einer halben Seite) erreicht dieser skandierende Einsatz am Ende des heimtückischen Gesprächs (158f.) Großmutter – Alfred (s. u., S. 68). In dieser ›Stille‹ versagen die Täuschungsfunktionen der Sprache der sonst um Ausreden und im sprachlichen Übertünchen seelischer Gemeinheiten nie Verlegenen; sie wird hier zur »Aphasie des Jargons« (Nolting 1976, S. 34), tritt immer dann auf, wenn die Figuren nicht mehr in der Lage sind, ihre Heimtücke mit Gemeinplätzen und ›Sprüchen‹ zu kaschieren.

Im Donaubild (I/4) ist zwölfmal ›Stille‹ angeordnet, womit die zunehmende dramaturgische Abgrenzung Mariannes und Alfreds (die schon in der vorangehenden Szene aufhörten, mit den anderen mitzusummen [127]), vor allem auch das falsche Einverständnis der Grundverschiedenen markiert wird. Auf Alfreds Hinweis, er habe kein Geld, wirft ihm Marianne vor: »Oh warum sprichst du jetzt davon?!«

ALFRED Weil das meine primitivste Pflicht ist! Noch nie in meinem Leben hab ich eine Verlobung zerstört, und zwar prinzipiell! Lieben ja, aber dadurch zwei Menschen auseinanderbringen – nein! Dazu fehlt mir das moralische Recht! Prinzipiell!
Stille
MARIANNE Ich hab mich nicht getäuscht, du bist ein feiner Mensch. (137)

Alfred weist damit die Liebe zurück, die Marianne von ihm erwartet, kann dies aber sprachlich verbergen, sodass sie in ihrer Illusion befangen bleibt; statt zu ›erkennen‹, setzt sie noch emphatisch nach, sie habe sich nicht »getäuscht«. Doch in der »*Stille*« zuvor muss sich in ihrem Inneren ein ›irrer‹, höchst dramatischer Monolog abgespielt haben, in dem Euphorie und utopisches Fühlen, vag zweifelnde Angst vor Täuschung und Selbsttäuschung wüst durcheinander liefen. Und Alfred scheint vor seiner eigenen verlogen-pathetischen Rede vom ›Prinzipiellen‹, vom ›moralischen Recht‹ schon wieder ein ›bisserl‹ zurückweichen zu wollen.

Auch die Passage, die gewöhnlich als perfekter Leerlauf impersonalen Sprechens (als sozusagen Beckett'sche durchkomponierte Stichomythie mit Modalverben) gesehen wird, ist mit einer ›Stille‹ interpunktiert und wird auch dadurch zu mehr als einem sprachlichen ›Geklapper‹:

ALFRED [...] Keiner darf, wie er will.
MARIANNE Und keiner will, wie er darf.
Stille.
ALFRED Und keiner darf, wie er kann.
MARIANNE Und keiner kann, wie er soll – (135)

Zeigt sich in den ersten beiden Sätzen und im zweiten Satz Alfreds tastendes Kokettieren, so ist Alfreds zweiter Satz auch als ein vom Autor an den Rezipienten gerichteter zu lesen, abermals Alfreds Liebesunfähigkeit zu erkennen. Vor allem im zweiten Satz Mariannes hingegen ließen sich Hoffnung und vager Zweifel (unmittelbar vor ›überfälligem‹ Kuss und Umarmung mit »*großer Gebärde* [135]«) noch heraushören; zwischen den Zeilen – das ist hier ›Stille‹ – steht der an Alfred gerichtete skeptische Wunsch: ›Liebe mich, wie du *sollst*! Aber ich zweifle, ob du das *kannst*‹.

In der mit dem Donaubild (I/4) auf schärfste kontrastierenden Szene im möblierten Zimmer (II/2) wird achtmal ›Stille‹ vorgeschrieben. Sie hat hier eine ganz andere Funktion, sie signalisiert Mariannes Angst vor Alfreds im ›Raum‹ stehender Forderung, das Kind abzuschieben, ihre Enttäuschung und Verzweiflung, aber auch ihre zwangsläufig einsetzende ›Einsicht‹.

Kaum je steht die ›Stille‹ für ein ›physiologisch‹ bedingtes Nicht-Sprechen-Können. Nur in der ›Stille‹ des senilen Rittmeisters – »*[Er] reagiert nicht; ist anderswo*« (112) – übernimmt sie vorübergehend (und vordergründig) diese Aufgabe, entlarvt aber gleichzeitig auch das Mechanische und Narzisstisch-Larmoyante des vorangegangenen Totengedenkens.

Die Funktionen der ›Stille‹ sind demnach im Horváth'schen Dialog nicht statisch festgelegt, sondern fast so mannigfaltig wie ihr Vorkommen; ihre Bedeutung ist jeweils am Einzelfall zu analysieren. In der ›Stille‹ zeigt sich ein Hin- und Herlaufen der Gedanken und Wünsche, der Tücke und Gemeinheit zwischen den stummen ›Sprechern‹ (aber auch unbestimmte Hoffnungen und Sehnsüchte bei den ›Fräuleinfiguren‹). In ihr wird die Außenhandlung vorübergehend in die Innenwelt der Figuren verlegt, wobei dies für den Zuschauer unbedingt »sichtbar werden« (Horváth, GW 11, 220) muss. In Analogie zu dem in der epischen Literatur der Moderne (Schnitzler, Woolf, Joyce, Proust) häufig angewendeten Inneren Monolog ist die ›Stille‹ gleichsam »Innerer Dialog«; sie kehrt oft »in einem ebenso lautlosen wie dramatischen und widerspruchsvollen Prozess den Inhalt des Satzes um« (Hildebrandt 1975, S. 119). In der ›Stille‹ zeigt sich das Oszillieren zwischen Enthusiasmus und Müdigkeit, Brutalität und Sentimentalität, Handlungswillen und Resignation, wie es für die Figuren der *Geschichten* so typisch ist (s. o., S. 45f.). In diesem Sinn ist wohl auch Horváths Bemerkung zu fassen: »In jeder Dialogszene wandelt sich eine Person. Bitte nachlesen« (GW 11, 216).

In Richtung auf den Rezipienten übernimmt die ›Stille‹ die Funktion eines epischen Signals, da sie Distanz zum Bühnengeschehen herstellt und die Identifikation unterbindet. Der Zuschauer soll einerseits das während der ›Stille‹ von den Figuren Gedachte und Gefühlte (und ihnen nur zu oft nicht oder nicht voll Bewusste) nachvollziehen, gleichzeitig aber Abstand gewinnen können. ›Stille‹ ist neben der kontrastierenden Musik eines der am stärksten verfremdenden Mittel.

3.4.6 ›Eigentliches‹ Sprechen

MARIANNE Wenn es einen lieben Gott gibt – was hast du mit mir vor, lieber Gott? – Lieber Gott, ich bin im achten Bezirk geboren und hab die Bürgerschul besucht, ich bin kein schlechter Mensch – hörst du mich? – Was hast du mit mir vor, lieber Gott? –
Stille (169)

In der Sprache der Figuren gibt es Ausnahmen, schreibt Horváth in der *Gebrauchsanweisung*, »einige Sätze, nur ein Satz manchmal, der plötzlich ganz realistisch, ganz naturalistisch gebracht werden muß« (GW 11, 220). Es sind das die Stellen, »wo ganz plötzlich ein Mensch sichtbar wird, wo er dasteht, ohne jede Lüge, aber das sind naturnotwendig nur ganz wenige Stellen« (GW 11, 221). In den *Geschichten aus dem Wiener Wald* ist es ausschließlich Marianne, die gelegentlich, aber emphatisch aus dem Sprachraum der anderen Figuren ausbricht.

Als der Beichtvater von ihr verlangt, zu bereuen, dass sie ihr Kind im »Zustand der Todsünde empfangen und geboren« hat (168), wehrt sich Marianne – ihn unterbrechend: »Nein, das tu ich nicht. – Nein, davor hab ich direkt Angst, daß ich es bereuen könnt. – Nein, ich bin sogar glücklich, daß ich es hab, sehr glücklich – « (168).

Ein lakonisches »Mich hat man aber eingesperrt« (201) stellt sie Valeries Planeten-Gefasel gegenüber, mit dem diese ›alles‹ verzeihen will, antwortet damit aber gleichzeitig auf Alfreds vorangegangenes: »Zu guter Letzt war ich ja auch kein Engel« (201), in dem die Partikel ›auch‹ eine fiese Schuldzuweisung an die unschuldige Marianne darstellt.

Eine andere Stelle, in der sich die verbale Aggression Mariannes – ebenso ordinär wie faktisch folgenlos – gegen ihre Peiniger wendet, ist ein weiteres Beispiel für ›eigentliches‹ Sprechen: Marianne rechtfertigt vor sich selbst und vor den anderen ihre Teilnahme an der widerlichen Versöhnung mit einem Grobianismus: »Ich möcht jetzt nur noch was sagen. Es ist mir nämlich zu guter Letzt scheißwurst – und das, was ich da tu, tu ich nur wegen dem kleinen Leopold, der doch nichts dafür kann – « (202).

Ihre zunehmende Einsicht und Illusionslosigkeit, als sie am sozialen, psychischen und finanziellen Tiefpunkt angelangt ist, äußert sich sprachlich als Abkehr vom ›Bildungsjargon‹. Das Erschreckende und Tragische ist, dass ihre Sprachernüchterung nicht zur Befreiung aus den miesen Lebensumständen führt, sondern ihrem Fallen parallel läuft.

4 Gedanken und Probleme

4.1 Figurenkonstellation

Horváth bedient sich in seinen Stücken eines Grundmusters von Figuren, das er in wechselnden Milieus und in immer anderen Konstellationen einsetzt. Mit dieser »bemerkenswerte[n] Ökonomie« (Hildebrandt 1970, S. 165), der teilweisen Austauschbarkeit der Figuren, ist die fehlende Identität verbunden, die »Auflösung des Charakters als dramatischer Kategorie« (Kurzenberger 1974, S. 44). Horváth zeigt die »Unmöglichkeit von Charakter, Wille, Handlung, Konflikten und Krisen« im herkömmlichen Sinn (Nolting 1983, S. 124). Einen Typ im charakterologischen Sinn gibt es nicht mehr. Dem korrespondiert die Tatsache, dass das gesprochene Wort oft folgenlos bleibt, keine Konsequenzen zeitigt, außer unfreiwilligen, die außerhalb der Absicht des Sprechers liegen. Sämtliche Termini, die den im klassischen Drama autonom Handelnden bezeichnen (›Mensch‹, ›Subjekt‹, ›Person‹, ›Individuum‹), greifen nicht mehr. Dies wird von den Figuren selbst, durch ihr abgewirtschaftetes Menschenbild entlarvt, indem sie diese Begriffe inflationär oder (wie im Wiener Jargon vorgegeben) zur Insultation verwenden. ›Mensch‹ ist nur mehr geeignet, die widerliche Versöhnung zu legitimieren. Valerie bringt das mit ihrem auf Alfred bezogenen »Auch das ist doch nur ein Mensch!« (201) zum Ausdruck. ›Mensch‹ ist also in diesem Stück, in dem nichts vor der moralischen Inflation sicher ist, zur Ausrede, zum ›Menscheln‹ verkommen (und gerade dadurch geeignet, die Tücke der Figuren zu verbergen). Aufschlussreich ist auch, dass Valerie sich im Streit um 27 Schilling dagegen verwahrt, als »Person« (108) beschimpft zu werden, und dass die Großmutter Alfred vorwirft, mit »dieser Person« (d. i. Marianne) (156) zusammenzuleben. Der Beichtvater bezeichnet den ihm persönlich nicht bekannten Alfred als »verkommenes Individuum«, als »erbärmliches« (167) und »entmenschte[s] Subjekt« (168).

Die unbegrenzte Wandlungsfähigkeit – erstmals in Erichs sensationsheischender und nicht ganz korrekter Darlegung der hinduistischen (nicht »buddhistischen« [125]!) Reinkarnationslehre angesprochen – wird in Oskars und Alfreds ›Sprüchen‹ (201) motivisch fortgeführt. ›Wandlung‹ besteht im Aufsetzen nahezu unbegrenzt vieler Sprachmasken und Verstellungen.

Die Frage nach den Hauptfiguren (so nebensächlich sie für ein modernes Drama scheint) ist insofern wieder von Bedeutung, als in der Triade Zauberkönig – Marianne – Alfred ein allegorischer Kampf zweier dämonischer Reiche (eines alten und eines neuen) um eine unschuldige Seele vorliegt. Dies erklärt, dass Mariannes Sprechweise so einfach und wenig differenziert bleibt, dass andererseits aber sie es ist, die die Sprachmasken der anderen immer wieder transzendiert (s. Kap. 3.4.6).

4.1.1 Traumartige Auffächerungen

Es gibt kaum eine Figur, die nicht in einer anderen gespiegelt wird. Das Machtgefälle Zauberkönig – Marianne findet Parallelen in den Beziehungen: Großmutter – Mutter sowie Baronin – Helene. Von den zahlreichen Doppelgängerfiguren sind am auffälligsten die beiden Fleischer, ohne dass sie jedoch gleichgesetzt werden. Ähnlich kann der Hierlinger als – in sozialer Hinsicht vergröberte, in seinem sprachlichen Ton aber als noch elegantere und noch brutalere – Variante Alfreds aufgefasst werden. Doppelgänger (bezeichnenderweise hängen ihre Namen etymologisch zusammen!) sind auch Rittmeister und Mister (der Wien-Heimkehrer). Dass Oskar, wenn er alt geworden ist, eine Art Zauberkönig sein wird, zeigt sich auch in der Tatsache, dass ihre Kleidung für die Totenmesse (115 und 118) exakt gleich ist.

Vor allem für Marianne gibt es in den Episodenfiguren zahlreiche Spiegelungen. Ida, das »*magere, herzige [...] Mäderl*« (126), tritt vor das verlobte Paar und rezitiert schulmädchenhaft ihr Verslein von der Liebe, die »brennt« (126). Das hier so beiläufig Erwähnte wird für Marianne im Schlussbild Wirklichkeit und findet sein Echo in Oskars monströsen Bildern: »auf glühendem Rost, in kochendem Blei« (166). Idas weiße Kleidung (126) ist Allegorie von Mariannes Unschuld (in früheren Fassungen keineswegs gegeben; dort erzählt sie Alfred und Oskar sehr offen von ihren früheren Bekanntschaften). Helene, »*die blinde Schwester der Baronin*« (152), kann ebenfalls als Substitutionsfigur gelten. Ihre ›Blindheit‹ steht für Mariannes Naivität. Beim Handlesen (153) prophezeit sie Marianne, was sich jene als Mutter wünscht. Die Gleichsetzung ist auch an der Tatsache abzulesen, dass Marianne beim Singen (154f.) von Helene am Spinett begleitet wird, wie auch daran, dass beide mit Schmutz (114 und 153) zu tun haben. Emma, »*ein Mädchen für alles* [!]« (140), ist das, wozu Marianne in der bitteren Konsequenz des Stücks korrumpiert wird.

An diesen traumartigen Auffächerungen zeigt sich Strindbergs Einfluss: »Personen spalten sich, verdoppeln sich, vertreten einander, gehen in Luft auf, verdichten sich, zerfließen, treten wieder zusammen« (Strindberg: *Vorbemerkung* zum *Traumspiel*).

4.1.2 Figuren als ›Schnittmengen‹ des Tonfalls

»Die Kunstfiguren sind vornehmlich Sprachfiguren, die Bewusstseins- und Unterbewusstseinszustände markieren.« (Glaser 1983, S. 72) Winfried Nolting (1983, S. 130ff.) schlägt vor, die Figuren aus ihrer Teilhabe am Jargon zu konstituieren, in dem es nur noch ›Sprechweisen‹ (auch als ›Tonfall‹ bezeichnet) gibt. Folgende Tonfälle lassen sich unterscheiden:

» – Das erfolggewohnte, stets hilfreich-brutale Sprechen Ferdinands, der Baronin, einiger Randfiguren, eventuell des Misters [...].

- Larmoyantes Sprechen zeigt sich phasenweise und unterschiedlich bei Alfred, auch bei Marianne, beim Zauberkönig, auch bei Valerie und Oskar.
- In aggressive und brutale Expressionen verfallen besonders häufig Valerie, Oskar (und Havlitschek), Zauberkönig.
- Mit der Nichtbeachtung ihrer Person kokettieren [...] die Großmutter und die Mutter.
- Das reminiszente [= sentimental auf Vergangenes bezogene] Sprechen konstituiert besonders den Rittmeister und den Zauberkönig [...].« (ebd., S. 133f.)

(Es fällt auf, dass in diesem Konzept ein eigentliches Sprechen als Epiphanie ›menschlicher‹ Rede, wie es sich in einigen Äußerungen Mariannes zeigt, kaum mehr Erwähnung findet.) Nolting schlägt vor, »die Schnittmengen aus Reminiszenz, Aggression, Larmoyanz und Eleganz« zu bilden, wobei sich je nach der Teilhabe der Figuren am allgemeinen Tonfall »Individualitätsperspektiven« ergäben. Die Figuren mit »einem höheren Mischungsverhältnis« wären dann die bedeutenderen. »Der Zauberkönig geriete in den Mittelpunkt.« (ebd., S. 134) Man könne das Stück deshalb um die »entlarvte« Vaterfigur zentrieren; es wäre »als ein Stück von den Leiden eines Zauberkönigs [zu] lesen« (ebd., S. 132):

»Wo stecken denn meine Sockenhalter?« (114) – »Ich glaub gar, daß du sie mir verwöhnst – also nur das nicht, lieber Oskar! Das rächt sich bitter! Was glaubst du, was ich auszustehen gehabt hab in meiner Ehe? [...] Nur niemals die Autorität verlieren! [...] Patriarchat, kein Matriarchat! Kopf hoch! Daumen runter! Ave Caesar, morituri te salutant!« (118) – »Ich bin doch nicht pervers. Zieh dich nur ruhig weiter aus.« (130) – »Brüll nicht! Bist daneben? Zieh dich an, aber marsch-marsch! Du Badhur!« (138) – »Das einzige Kind! Das werd ich mir merken!« (138) – »Also auf ins Maxim!« (177) – »A du Schweinderl, du herziges!« (179) – »Mischen Sie sich nicht in wildfremde Familienangelegenheiten, Sie Soldat!!« (183) – »Was?! Leopold?! Der Leopold, das bin doch ich! Na, das ist aber der Gipfel! Nennt ihre Schand nach mir! Das auch noch! [...] Wer nicht hören will, muß fühlen.« (185) – »Oh du miserables Geschöpf! Jetzt bin ich noch schuld!« (185) – »Oh du gemeines Schwein, was machst du denn mit mir auf meine alten Tag? Eine Schande nach der anderen – oh ich armer alter Mensch, mit was hab ich denn das verdient?!« (186) – »Ich für meine Person bin ja konkurrenzlos, weil ich ein Spezialgeschäft bin. Trotzdem geh ich zugrund.« (196) – »Na, wo ist er denn, der kleine Leopold? [...] Der Opapa ist da. Der Opapa!« (205)

Von Egozentrik und Selbstmitleid zeugen diese Passagen. Hinter »dem Zauber des witzigen, ironischen, gebildeten, überredenden Sprechens des Vaters« verbirgt sich aber seine Brutalität, die nicht »gelangweilt« ist wie bei Havlitschek, »mechanisch« wie bei Oskar, »raffiniert« wie bei Ferdinand und Alfred, »maliziös« wie beim Rittmeister, sondern »emphatisch« (Nolting 1983, S. 133). Die Figur des Zauberkönigs verkörpert in ihrem »Gemisch aus rhetorischem Talent« und der ungebrochenen bürgerlichen Haltung die »Abwesenheit dessen, worauf [sie] sich beruft«, besonders deutlich. Sie beruft sich »unirritierter als die anderen auf [ihre] integre Personalität und Autorität«. Dies gilt im »Derben wie im Weinerlichen, im Koketten wie im Obszönen« (ebd., S. 133). In diesem vollkommen fehlenden Abstand von sich selbst ist der Zauberkönig – »der echte Bürger vom alten Schlag« – tatsächlich eine »Sorte, die ausstirbt« (180), wie Valerie einmal über ihn bemerkt. Alfred, dem wohl die ›Zukunft‹ gehört, ist in dieser Hinsicht sein Kontrastbild, denn bei ihm zeigt sich mehrmals – wenngleich ohne Konsequenzen irgendwelcher Art – so etwas wie ›Einsicht‹, oder rollentheoretisch gesagt: ›Distanz‹ zum eigenen Handeln.

4.1.3 Die ›Fermente‹ der Handlung

Alfred – das »Ferment der Dekomposition« (Wapnewski 1978, S. 35) – stellt in der berühmten Szene »*an der schönen blauen Donau*« (I/4) die Weichen für die dramatische Entwicklung. Marianne glaubt in ihrer Euphorie an eine Schicksalswende und zwingt Alfred in eine Befreierrolle hinein, für die dieser denkbar ungeeignet ist: »Gott hat mir im letzten Moment diesen Mann da zugeführt« (138). Aufgrund ihrer Erziehung hat sie nur die ›Wahl‹ zwischen finanzieller Sicherheit und Quälerei einerseits (Oskar in Personalunion mit dem Zauberkönig) und mit Arbeitsscheu verbundenem Charme andererseits. Alfred, der nur an einem kurzen Abenteuer ohne weitere Verpflichtungen interessiert ist, wiederholt und bekräftigt Mariannes Gefühlsäußerungen, womit es ihm gelingt, sie sprachlich zu überrumpeln und in seinen Bann zu ziehen. »Liebst du mich, wie du solltest –?«, fragt sie Alfred nach dem ersten Kuss und meint mit ihrer Frage, ob er ihre ›große Liebe‹ auch angemessen erwidere. »Lässig in der Gebärde und routiniert in der Formulierung« (Kurzenberger 1974, S. 19) ist die Antwort des gewieften Charmeurs: »Das hab ich im Gefühl.« Wenig später verwendet er fast dieselben Worte wie Marianne – fragt ebenfalls: »So wie du solltest?« – doch meint er dies ganz anders, wie unmittelbar darauf deutlich wird: »Ich meine, ob du mich vernünftig liebst?« (136) Marianne kann in ihrer Gefühlstrunkenheit mit diesem ›vernünftig‹ nichts anfangen und lässt sich täuschen. Alfreds Frage hat nicht Liebe zum Gegenstand, sondern zielt auf die Versicherung, dass sein »Lieben« (137) ohne Risiko ist, ohne Unannehmlichkeiten und Verpflichtungen. Zwar soll Mariannes Verlobung mit Oskar nicht platzen, doch soll sein Flirt erfolgreich sein. Mit ›vernünftig‹ meint er hier verantwortungslose Liebe. Als er seine Unfähigkeit, eine Frau wirklich zu lieben, mit ›moralischem‹ Gerede verbrämt, mit Wendungen von der »primitivste[n] Pflicht« und vom »moralische[n] Recht« sogar Besorgtheit vortäuscht, glaubt Marianne sich in ihrem Gefühl noch bestätigt: »Ich hab mich nicht getäuscht, du bist ein feiner Mensch.« (137) Sie schiebt Alfreds verschleiernde Einschränkungen und Bedingungen, die er an das ›Lieben‹ knüpft, mithilfe jener »bombastischen und zugleich verschwommenen Formulierungen« weg (Kurzenberger 1974, S. 20), die sie gebraucht, wenn sie vom Gefühl überwältigt ist. Diese »aufgezehrte und deshalb ungenaue Metaphorik« ist der »unangemessene Ausdruck ihres übervollen Herzens« (ebd.). Alfred wird von Marianne als ›grübelnder‹ Mann verkannt. Das Gespräch ist ein Betrug Alfreds an Marianne, ist aber auch auf beiden Seiten ein Selbstbetrug, dessen ›Konsequenzen‹ natürlich nur Marianne wird tragen müssen – entgegen Alfreds jargonhafter Beteuerung »Ich trag natürlich sämtliche Konsequenzen« (138), der er ohnehin gleich das schäbige »wenn es sein muß« hinzufügt.

»Laß mich aus dir einen Menschen machen – du machst mich so groß und weit« (139), sagt Marianne gegen Ende ihres Bekenntnisses zu Alfred. Dessen Replik ist weniger »überschwänglich«, aber »um einiges kalkulierter« (Kurzenberger 1974, S. 23): »Und du erhöhst mich. Ich werd ganz klein vor dir in seelischer Hinsicht.« (139) Alfred stimmt damit in Mariannes Tonlage ein und »spielt damit den ihm von ihr angetragenen Part halb pflichtschuldig, halb resigniert gewohnheitsmäßig zu Ende« (Kurzenberger, ebd.). Seinem ungewollt doppeldeutigen »ich kann dir keine Existenz bieten, ich bin überhaupt kein Mensch« setzt er als Ausflucht das der klassischen Liebesideologie entnommene »Ich bin deiner Liebe nicht wert« (138) voran. Aufgrund der vorgeprägten Klischees ist das Sprechen der beiden hier beliebig – »insituativ« nennt es Nolting (1976, S. 14) – und es bleibt wie die Sterne »droben hängen« (136). Die Figuren ›liegen drunten‹, sind austauschbare Vollstrecker der Rede. Andererseits aber (und das wird von der Kritik teilweise übersehen) zeigt sich an dieser zentralen Szene, dass gerade auch klischeehaftes Sprechen für die am Dialog Beteiligten verschiedene Funktion haben kann.

Was 1844 noch galt, gilt 1931 nicht mehr: Alfred ist nicht einmal mehr ein ›Lump‹ wie Leonhard in Friedrich Hebbels *Maria Magdalena* (vgl. Hebbels Brief an Elise Lensing, Paris, 5. 12. 1843), allenfalls ist er – und dies nicht nur in der Perspektive der Großmutter – ein »Haderlump« (157; s. auch Wort- und Sachkommentar, S. 19). Valerie nennt ihn zwar »ein[en] grandiose[n] Schuft« [164], aber was soll das bei dem inflationären Gebrauch nicht nur der Begriffe des Humanen (s. S. 60), sondern auch der Schimpfwörter in diesem Stück noch bedeuten? (Im eben zitierten Kontext beschimpft ihn übrigens die Großmutter auch als »Verbrecher«, ebenso auf S. 188).

Alfred, der charmante Windhund, ist dennoch vielschichtig, trotz seiner Gesichtslosigkeit. So wurde und wird er von Rezensenten verschiedener Inszenierungen bezeichnet als: ›Tunichtgut‹, ›Rennbahn-Schlawiner‹, ›Schluri‹, ›Schlurf‹, ›Vorstadt-Gigolo‹, ›Vorstadt-Casanova‹, ›Schwihak‹, arbeitsscheuer ›Stenz‹, ›Ottakringer Gamaschen-Ede‹, ›Filou‹, ›Strizzi‹, ›Hallodri‹ usw. Einen »Nischtegutts« nannte ihn Alfred Kerr (zit. nach: Mat GWW, S. 116) in seiner Kritik zur Uraufführung, um gleich hinzuzufügen, dies sei natürlich nicht wienerisch. In Rezensionen zu aktuellen Inszenierungen ist sogar von einem ›coolen Softie‹ die Rede oder auch von einem sich feministischer Sprachtarnung bedienenden ›*Macho*‹. Kein Zweifel, dass Alfred die modernste Figur des Stücks ist. Er kann auch mit den Begriffen des amerikanischen Sozialhistorikers Christopher Lasch (1986) beschrieben werden, wonach die ›neue‹ narzisstische Charakterstruktur sich nicht durch Schuldgefühle auszeichnet, sondern durch Ängste und zum Eingehen persönlicher Bindungen oder zum Übernehmen von Verantwortung unfähig ist.

Wie schon erwähnt, kennt Alfred fast als Einziger eine Art Rollendistanz. Als er etwa ›in Erinnerung macht‹ (163), wird er sich seiner Larmoyanz als Pose halb bewusst, wenn er gegenüber Valerie feststellt, »aus einer wehmütigen Melancholie heraus« begebe er sich »an die Stätten der Vergangenheit« (165). Er erkennt punktuell (doch ohne Folgen irgendwelcher Art) seine Mitschuld an Mariannes Schicksal. Aufschlussreich jedoch ist der Situationskontext dieser Einsicht: um die ums Geld besorgte Großmutter zu ärgern – »Und wenn du jetzt zerspringst« (189). Außerdem fällt der ausweichende Ton auf (»genau fühl«, »in einer gewissen Hinsicht«). Noch bezeichnender ist, dass er schließlich in der Versöhnung mit Marianne – »Zu guter Letzt war ich ja auch kein Engel« (201) – im Wort ›auch‹ die Schuldzuschreibung sofort gegen diese wendet und dass er im kumpanenhaften Gespräch mit Oskar eine verschleiernde Exkulpierung parat hat: »ich bin an dieser ganzen Geschichte eigentlich unschuldig« (194).

Mit seiner Sprache – oszillierend zwischen Raffiniertheit, unwiderstehlichem Charme sowie unterkühlter Larmoyanz einerseits und ebenso unterkühlter Brutalität andererseits – schleicht er sich ein, mit seiner Sprache stiehlt er sich wieder fort: Das sind »halt alles Naturgesetze« (124) – »Ich bin sehr traurig« (206). Seine letzten Worte im Stück bestehen in einer ›Klage‹ an Valerie: »Ich hab jetzt grad so gedacht – so ohne Kinder hört man eigentlich auf. Man setzt sich nicht fort und stirbt aus. Schad!« (206) Impersonale Konstruktion und Modalpartikeln signalisieren seine Fadesse. Zuvor allerdings schwingt er sich noch einmal kurz zum Pathos einer mittelalterlichen Taufformel empor, als ob es gegen den ›Widersacher‹ leibhaftig ginge: »Ich laß ab von ihr [= Marianne] – für ewig« (194). Am Schluss ist er froh, wieder bei Valerie Unterschlupf finden zu können. Gerade wegen der Verschmelzung von Erotik und Geschäft passen die beiden trotz des Altersunterschiedes bestens zusammen. Symbiotisch im Geldvorstrecken wie im Betrug (wobei diesem wohl nur durch das Stück ein Ende gemacht wird; vgl. Alfreds *›hinterlistiges‹* Lächeln [200] in Hinsicht auf einen möglichen Wettgewinn) ist die beidseitige Ergänzung perfekt.

Die Funktion der ›Fermentierung‹ – nämlich der sozialen Korrumpierung Mariannes; Fermente selbst unterliegen ja keiner Veränderung – geht ab III/3 an Valerie über, die durch das Einfädeln der Versöhnung die Aufgabe übernimmt, den Ausgangszustand wiederherzustellen, aus dem es kein ›Entgehen‹ gibt. Die ›Konvention‹ der beiden Unkonventionellen des Stücks trägt ebenso zu Mariannes Untergang bei wie die der traditionsbewussten Spießbürger. Man könnte Valerie als ›Ferment der Rekomposition‹ bezeichnen. Sie verkörpert »sozusagen den aktiven Teil der allgemeinen Lähmung«, die für das Stück typisch ist, sie ist »hysterisch oder resignierend, buchhälterisch und freizügig, intrigant und versöhnlich« (Nolting 1983, S. 132). Als Einzige aber zeigt sie Mitleid mit Marianne (wenngleich in hysterischer Art und ebenfalls ohne langfristige Konsequenzen). Ansatzweise auch stellt sie das unpersönliche Sprechen der Männer mit ihrem ironisch-spöttischen ›man‹ infrage (vor allem in Hinsicht auf Alfred), doch gelingt ihr keine umfassende Kritik am Patriarchat, ist sie doch hin- und hergerissen zwischen weiblichem Mitgefühl und schon längst verinnerlichten Normen der Welt der Männer. Sie macht sich keine Illusionen darüber, dass sie von diesen ausgenutzt wird, kann dagegen aber nichts unternehmen. Die Gefahr bei Inszenierungen ist, sie als ›prall‹, sie nur karikaturistisch als ›männernarrische‹ Alte zu geben, wobei sich der Zuschauer schadenfroh an ihrer erotischen

›Emsigkeit‹ delektieren kann. Ihre sich vor dem Alter aufbäumende Nymphomanie sollte als stellvertretendes – bei ihr eben nur markantestes – Aufbäumen vor dem Tod (von dem im Stück *alle* ›gekennzeichnet‹ sind) gezeigt werden.

Vorübergehend bringen katalysatorisch Handlung ins Spiel: der Rittmeister (Aufbruch ins Maxim), der Mister (Diebstahlsbeschuldigung), die Großmutter (Kindsmord).

4.1.4 Marianne als Ware

Die von ihrem Vater systematisch an der Entfaltung ihrer Persönlichkeit und Eigenständigkeit gehinderte Marianne legt die krause ›Gesellschaftstheorie‹ des Zauberkönigs, mit der er sein Verhalten ideologisch verbrämt und legitimiert, gegenüber Alfred so dar: »Papa sagt immer, die finanzielle Unabhängigkeit der Frau vom Mann ist der letzte Schritt zum Bolschewismus.« (123)

Besonders deutlich wird der ›Warencharakter‹ Mariannes innerhalb der patriarchalischen Gesellschaft, ihr Status als Haushälterin, an der Bemerkung des Zauberkönigs: »Elend sind wir dran, Herr Rittmeister, elend. Nicht einmal einen Dienstbot kann man sich halten. Wenn ich meine Tochter nicht hätt – « (115), die höchst aufschlussreich eingebettet ist in den Szenenteil der Sockenhaltersuche, eine Passage, die sich in II/2 mit Alfred fast wortgetreu wiederholt. Bei Mariannes Verlobung zeigt sich der Zauberkönig befriedigt über die ›Wahl‹ Oskars als Bräutigam: »Ich bin nur froh, daß ich die Mariann angebracht hab, eine Fleischhauerei ist immer noch solid – « (131). Noch stärker decouvrierend in Hinblick auf seine wahren Motive ist die schon erwähnte Forderung des Zauberkönigs: »Diese Verlobung darf nicht platzen, auch aus moralischen Gründen nicht!« (138) sowie die Tatsache, dass er Marianne erst dann verstößt – »Ich habe keine Tochter mehr!« (139) –, als er erfährt, dass Alfred ein »Nichts« (139), gemeint ist: beruflich nicht abgesichert, ist. Die geplante Ehe kam einem Handelsvertrag gleich.

Der ›Warencharakter‹ Mariannes verdichtet sich noch weiter in der Café-Szene, wenn Alfred und der Hierlinger Ferdinand über Marianne verhandeln, als sei sie »ein Stück schlecht gewordener Ware« (Reuther 1962, S. 70). Die tragische Ironie liegt darin, dass die ›rhythmische Gymnastik‹, der Kindheits-Traum Mariannes, für den immer elegant-brutalen Hierlinger Ferdinand eine ganz ›andere‹ Bedeutung hat, die jedoch direkt nicht ausgesprochen wird: Rhythmische Gymnastik sei »zu guter Letzt nur eine Abart der Tanzerei«, er kenne eine »Baronin mit internationalen Verbindungen«, die Baronin stelle »so Ballette« zusammen – »das wären doch eventuell Entfaltungsmöglichkeiten« (150). Das ausweichend-verhüllend um Worte ringende »so« macht gerade durch seine Vagheit deutlich, worum es geht. Kolportageartige Züge nimmt das Verschachern dann im Zimmer der Baronin an.

Der Vater will also Marianne an Oskar ›verkaufen‹, Alfred sie und den kleinen Leopold an seine Großmutter, die Alfred nur unter der Bedingung Geld leiht, dass er sich von Marianne trennt, und schließlich muss sich Marianne selbst für einen Hungerlohn verkaufen, indem sie sich als Nackttänzerin produziert.

Dass dann schließlich die Versöhnung zwischen dem Zauberkönig und Marianne aus kaum mehr verheimlichten ökonomischen Interessen erfolgt, ist an der Klage des Zauberkönigs abzulesen, allein schaffe er es nicht mehr: »Früher, da hab ich eine Frau gehabt, und wie die angefangen hat zu kränkeln, da ist die Mariann schon so groß gewesen – « (196). Valerie rät ihm: »versöhn dich doch lieber, du alter Trottel – versöhn dich, und du wirst auch dein Geschäft wieder weiterführen können« (196). Indem Valerie dann Marianne als »ein ganz armes dummes Weiberl« bezeichnet und dabei nicht vergisst, den Zauberkönig mit »Großpapa« (197) anzureden, gelingt es ihr, des Zauberkönigs ›patriarchalische‹ Eitelkeit mit seinen wirtschaftlichen Interessen erneut zu verschmelzen, sodass er gleich darauf den Ausverkaufszettel von seinem Geschäft abreißt und in seiner Puppenklinik *»verschwindet«*, was von Valerie mit einem *»befriedigt[en]«* Grinsen (197) registriert wird. Oskar hat die Versöhnung und deren Gründe schon vorausgesehen: »Es wird sich hier bald ausgezaubert haben, das heißt: falls er sich nicht wieder mit unserer Mariann versöhnt, denn so solo schaffts der Alte nicht mehr – « (194).

Zynisch formuliert Alfred den Warencharakter, den eine Frau für ihn hat, gegenüber Valerie: »eine rein menschliche Beziehung wird erst dann echt, wenn man was voneinander hat. Alles andere ist Larifari« (108). Dass für Alfred auch Marianne ›Warencharakter‹ hat, zeigt sich überzeugend in Szene gesetzt, als Alfred sie erstmals erblickt: Sie steht dabei nämlich in einer *»Auslage«* (118).

4.1.5 ›Gegeneinander-Miteinander‹

In seiner Rezension zur Uraufführung hat Alfred Polgar (1875 – 1955) das Interagieren der Figuren treffend als »Gegeneinander-Miteinander«, als »Eintracht auf Basis boshafter Geringschätzung« charakterisiert und von »ihre[r] enge[n], liebevolle[n] Verbundenheit durch den Kitt wechselseitiger Missachtung« (zit. nach: Mat GWW, S. 120) gesprochen. »Marionetten« führe uns der Dichter vor, »deren Fäden eng miteinander verbunden sind; der Spielraum ist begrenzt«, meint auch Glaser (1983, S. 72). Marionettenhaftes Miteinander, Verbundenheit, Eintracht, boshafte Geringschätzung ergibt sich vor allem aus den gemeinsamen ökonomischen Interessen, aber auch aus den »anderen« (108) Beziehungen, wie Alfred sie nennt.

Beispiele für ›Komplizengespräche‹, in denen das ›Miteinander‹ Ausdruck findet, sind des Zauberkönigs Aufforderung an Oskar, Marianne ja nicht zu verwöhnen (118), sowie der Billard-Dialog zwischen Alfred und dem Hierlinger (II/3). Es fällt auf, dass solche Gespräche immer gegen Frauen gerichtet sind, dass daran aber auch Frauen beteiligt sein können. Als der Hierlinger mit Marianne bei der mädchenhandelnden Baronin vorspricht, ist trotz gegenseitigen Belauerns (»Und bittschön: Gefälligkeit gegen Gefälligkeit« – »Kleine Erpressung gefällig?« [153]) das Handelseinswerden so selbstverständlich, dass es nicht mehr expliziter dialogischer Darstellung bedarf. Stattdessen befiehlt die Baronin Marianne, das Wachau-Lied zu singen. Besonders ein strukturell überaus dichter Dialog zwischen Großmutter und Alfred in Szene II/5 zeigt, dass es ein gegen eine Dritte gerichtetes ›Komplizengespräch‹ auch zwischen Frau und Mann geben kann. An der Beziehung Großmutter – Alfred wird die Verbindung von Ökonomie (Geldvorstrecken) und äffischer Mutterliebe (Knopfannähen als exemplarische szenische Geste) besonders sinnfällig gezeigt. Die ähnlich symbiotische Beziehung, die Alfred zu Valerie hat, wäre als Folge dieses großmütterlichen Erziehungseinflusses zu deuten. Der Dialog Großmutter – Alfred:

»Bist ein armer Teufel, lieber Alfred – Warum? – Daß du immer solchen Weibern in die Händ fallen mußt – *Stille.* – Du, Alfred, wenn du dich jetzt von deinem Marianderl trennst, dann tät ich dir was leihen – *Stille.* – Wieso? – Hast mich denn nicht verstanden? – *Stille.* – Wieviel? – Bist doch noch jung und schön – *Alfred deutet auf den Kinderwagen*: Und das dort? – An das denk jetzt nicht. Fahr nur mal fort – *Stille.* – Wohin? – Nach Frankreich [...]« (158f.)

Alfreds lauernde Vorwegnahme des von der Großmutter Gedachten, der damit verbundene vorauseilende (›wieso‹), bzw. nachhinkende (›wieviel‹) Gebrauch seiner Interrogativa stellen das Einverständnis her. Gerade in diesem Dialog – einem der heimtückischsten im ganzen Stück – wird deutlich, dass Aneinander-Vorbeireden bei Horváth nicht unbedingt misslungene Kommunikation zu sein braucht. Der Mordplan am kleinen Leopold wird zwar nicht ausgesprochen, dennoch ist von ihm die Rede: Die euphemistisch-zynische Referenz im Neutrum (›und *das* dort‹) lässt aufhorchen und in der wie strophisch auf nur einer halben Seite fünfmal einsetzenden »*Stille*« wird das Hin- und Herlaufen der Gedanken sichtbar. Die verniedlichende Sprache der Großmutter – in deren perfiden Ton auch das »Marianderl« einbezogen wird – stilisiert Alfred zum unmündigen ›Bubi‹, das so die Verantwortung für den Verrat an Marianne wie auch für den geplanten Mord an seinem Kind als moralisches Problem gar nicht erst wahrzunehmen braucht.

Dieses Stück, in dem fast jeder den anderen beleidigt, ihm oft tiefes seelisches Leid zugefügt hat (was in der Figurenperspektive ohnehin nicht unterscheidbar ist), endet in einer ›Orgie‹ der Versöhnung dann auf nur zehn Seiten (193 – 202). Das Herrische, das Automatische, auch das Gespenstische dieser Versöhnung – katalysatorisch von Valerie betrieben – findet im impersonalen Passiv adäquaten Ausdruck: »Jetzt wird versöhnt und basta!« (200) Die Autorperspektive scheint durch, wenn dabei die Worte fallen: »Jetzt werden wir mal den Schmutz da zusammenräumen« (200). – Versöhnung zwischen Marianne und Oskar (200f.), vorher eine versöhnliche Verabschiedung Valeries vom immer ›korrekten‹ Erich, »*sie nickt ihm freundlich zu*« (193), der sie seinerseits jedoch *ad spectatores* als »altes fünfzigjähriges Stück Scheiße« (193) bezeichnet. – Versöhnung zwischen Zauberkönig und Marianne (Plan: 196f., Ausführung: 202). – Auch Oskar versöhnt sich mit Alfred und bedankt sich »herzlich«, dass dieser ihn besucht hat »und daß wir uns so gut vertragen in puncto Mariann«. Alfred meint – was immerhin nicht ganz falsch ist –, er habe sich in »ein unüberlegtes Abenteuer hineintreiben« lassen, doch als Oskar dessen Unschuldsbeteuerungen verständnisvoll hinzufügt, das sei »halt die große Liebe gewesen«, wird Alfred immer selbstgerechter:

»Ich war nur zu weich. Ich kann halt nicht nein sagen, und dann wird so eine Liaison automatisch immer ärger. Ich wollt nämlich seinerzeit Ihre Verlobung wirklich nicht auseinanderbringen – aber die liebe Mariann bestand auf dem Alles-oder-Nichts-Standpunkt.« (194)

Valerie durchschaut zwar diese Kumpanei der Männer: »Wenn ihr Mannsbilder nur wieder zusammenhelft« (198), hat jedoch selbst zum erneuten ›Zusammenhelfen‹ wesentlich beigetragen. Konsens zwischen den beiden Kontrahenten ist anscheinend hergestellt, die Stimme Oskars fällt ein: »Und sehens, deshalb war ich Ihnen [= Alfred] persönlich eigentlich nie so recht bös« (194).

Auch er trägt ein wenig zur Versöhnung bei, nämlich zu der zwischen Alfred und Valerie. Diese weigert sich vorerst emphatisch – aus gekränktem Stolz und rationalisierend wegen dem, was Alfred der Mariann angetan hat (198) –, gibt aber bald darauf aus ökonomischem und erotischem Interesse ›willig‹ bei. Decouvrierend ist ihre gierige Frage »Und? Und?« (200), als ein gemeinsamer Wettgewinn wieder in Sichtweite ist.

Als sich alle versöhnt haben, wird Marianne endgültig zu Fall gebracht. Erst in der Schlusszene – nach dem ›Alles‹-Verzeihen – erfährt sie vom Mord an ihrem Kind. In dieser ›Geschlossenen Gesellschaft‹ (in der wie in Sartres Stück ›weitergemacht‹ wird) hat man sich auf ein ›Packl‹ zu hauen – wie es in der österreichischen Redensart heißt – und sich zu vertragen; ›geschlagen‹ werden die Schwächsten.

4.1.6 Der ›Traum vom Höhenflug‹

Die ›Fräuleinfiguren‹ in Horváths Volksstücken (*Geschichten aus dem Wiener Wald, Kasimir und Karoline, Glaube Liebe Hoffnung*) unterscheiden sich grundsätzlich von den in der Forschung nur allzu gern nivellierend unter Begriffen wie ›Kleinbürger‹ oder ›typische Horváth-Menschen‹ subsumierten Figuren. Diese Frauen (Marianne, Karoline, Elisabeth) sind die einzigen Träger eines utopischen Strebens, dargestellt etwa in verschiedenen Variationen eines ›Traums vom Höhenflug‹. Sind es für Karoline die Bilder der Achterbahn und des vorbeifliegenden Zeppelins, die »einen rosigeren Blick in die Zukunft« (GW 5, 135) signalisieren, so drückt sich Mariannes ebenso sehnsuchtsvolles wie auch sehr hilfloses Fühlen in einer Metaphorik des Fortlaufens von der bisherigen Umwelt, ja auch eines Von-sich-selbst-Wegwollens aus. Sie möchte während der ›platzenden‹ Verlobungsfeier »weit fort« (139), will im »Freien übernachten« (137), möchte »singen« (136), will sich – da Alfred es tut – nach dem Tode verbrennen lassen (136), mag »nicht mehr schwimmen« (138), will von ›Geld‹ (137)

nicht sprechen und nennt Alfred ihren »Schutzengel« (137). Während dieses Dialogs steigen Raketen und es erglüht bengalisches Licht: »blau, grün, gelb, rot« (137). Mit hektischem Pathos (und mit einem schiefen Bild, aber aus berechtigtem Zorn im Hinblick auf ihren bisherigen Status als einer von ihrem Vater verschacherten Magd) wirft sie Oskar den Verlobungsring hin: »Jetzt bricht der Sklave seine Fessel« (139). Am Schluss der Szene ›zerfließt‹ Marianne vor ihrem Alfred:

»Und ich geh direkt aus mir heraus und schau mir nach – jetzt, siehst du, jetzt bin ich schon ganz weit fort von mir – dort ganz hinten, ich kann mich kaum mehr sehen. – Von dir möcht ich ein Kind haben – « (139)

Nun besteht kein Zweifel, dass Marianne sich in klischeehaften und sentimentalen Formulierungen bewegt, die einer gewissen Komik nicht entbehren, doch darf der darin zum Ausdruck kommende utopische Wunsch nach wahrer Liebe nicht übersehen werden. In diesem Zusammenhang gewinnt eine Aussage Horváths Bedeutung, dass nämlich Kitsch, wenn er auf der Bühne sichtbar wird, »komisch« wirkt, dass aber der »Zusammenprall« des Kitsches, also des »verniedlichten und verfälschten Lebens«, mit der Unerbittlichkeit des Lebens »tragisch« ist (zit. nach: Mat GLH, S. 71). Das liest sich wie ein Kommentar zu Mariannes rührenden Sätzen. Was sie in ihnen sagt, wirkt auf den Zuschauer komisch, doch der Zusammenprall ihres Kitschgefühls mit der grausamen Verstocktheit der männlichen Figuren, der sie nicht ›entgeht‹, führt zu ihrem Untergang.

Unzweifelhaft besitzt Marianne die größere ›Fallhöhe‹ als die leichtlebige Karoline. Der Höhenflug aber endet für alle Fräuleins im Sturz, es ist ein Weiterleben mit »gebrochenen Flügeln« (GW 5, 136). Dem entspricht im Aufbau der Fräuleinstücke vor allem die Kreisbewegung, die zirkuläre Struktur: Am Ende ist alles, wie es war. (In *Glaube Liebe Hoffnung* wird Elisabeths Selbstmord vereitelt und sie muss unter dem Blick der Präparatoren sterben.) Es darf nicht übersehen werden, dass die Fräuleinfiguren dabei ein »grundsätzlicher Wertunterschied« auszeichnet: Als Einzige erreichen sie die ›Fallhöhe‹, die sie zu diesem »tragischen Schicksal« befähigt (Haag 1988, S. 74).

Man kann die tragische Hilflosigkeit der Hauptfigur in dieser Umwelt sowie ihre Gebundenheit an Denkklischees des kleinbürgerlichen Milieus natürlich auch in ganz andere Begriffe fassen: »Was Marianne dem Sozialbereich, dem sie entstammt, entgegenzusetzen hatte, war nichts als die hilflose Ideologisierung von dessen eigenen ideologischen Prinzipien« (Erken 1976, S. 152). Mit dieser Formulierung im Stil eines klinisch sezierenden »Chefideologen« (Wertheimer 1983, S. 170) erhob sich ein Horváth-Forscher in jene luftigen Höhen der Sprache, wo bekanntlich jedes heiße Eisen kalt wird.

Dass Horváth die sentimentalen Gefühle einiger weiblicher Figuren nicht an sich verurteilen möchte, geht auch aus einer ca. 1927 entstandenen Skizze mit dem Titel *Lachkrampf* hervor, in der ein Musikstudent eine Stenotypistin kennen lernt. Als er ihr Rosen schenkt, ist sie gerührt und kommt ins Träumen:

»Rosen im Winter! Man sollte in Betten voller Rosen liegen« (GW 11, 96). Den überheblichen Musikstudenten durchzuckt es: »Das ist Kitsch [...], übelster Kitsch! Pfui, Dreiteufel! Und infolge seines unbestreitbar vorhandenen ästhetischen Feingefühls, packte ihn die Wut über solch sentimentalen Dreck!« Indem Horváth unmittelbar im Anschluss an diese Gedanken des ›gebildeten‹ Studenten die Perspektive des Erzählers einnimmt, kann er hier explizit und in direkterer Form als in einem Drama alle ›Ästheten‹ und ihre »schamlose Wut« verurteilen, die mit »apokalyptischem Hasse danach lechzt, jede arme Seele, die ihre Sehnsucht nicht stilvoll auszudrücken vermag, zu rädern« (GW 11, 96).

Auch Marianne kann ihre Sehnsucht nicht ›stilvoll‹ ausdrücken. Dennoch ist diese ›Uneigentlichkeit‹ ihrer Fantasie gemessen an ihrem bisherigen Lebenshorizont nicht unecht, auch wenn sie in ihrer Ausdrucksfähigkeit unbeholfen bleibt. In den Klischees offenbart sich ihr Wunsch nach einer zutiefst menschlichen Verbindung. Mariannes ›ozeanisches‹ Gefühl, ihr Wunsch nach einem grenzenlosen Verschmelzen, nach einem Sich-Verlieren, wird vom Autor nicht *per se* denunziert, vielmehr als Naivität und als Voraussetzung ihrer Täuschbarkeit durch eine raffiniertere ›Dummheit‹ hingestellt. Kitschsprache hat so für Marianne nicht wie für die männlichen Figuren, vor allem Oskar und ihren Vater, die Funktion, destruktive Triebe zu verbergen, sondern ist »Hülle unsagbaren Begehrens« (Haag 1988, S. 68).

4.2 Facetten kleinbürgerlicher Mentalität

Horváths Bedeutung liegt vor allem auch darin, dass seine Analyse des Kleinbürgertums – so episodisch sie bisweilen auf den ersten Blick wirkt – im Wesentlichen von der späteren faschismuskritischen Sozialpsychologie (Fromm, Reich, Adorno) bestätigt wurde. (Dies ist umso bemerkenswerter, weil eine gegenseitige Beeinflussung ausgeschlossen werden kann.)

Theodor W. Adorno (1976) und seine Mitarbeiter nennen unter anderen folgende Faktoren als typisch für die ›autoritäre‹, vorurteilsanfällige und potenziell faschistische Persönlichkeitsstruktur: *Konventionalismus – autoritäre Unterwürfigkeit – autoritäre Aggression – Projektivität/Aberglaube – Macht und ›Robustheit‹ – Destruktivität und Zynismus – übertriebenes Interesse an sexuellen ›Vorgängen‹.*

Der ›Konventionalismus‹ zeigt sich im Stück in einem starren Festhalten an mittelständischen Normen (etwa in der Ablehnung der Berufstätigkeit der Frau durch den Zauberkönig, in einem patriarchalischen Rollenverständnis der Geschlechter). Wie hohl jedoch die ›Tradition‹ für die Figuren geworden ist, ist daran abzulesen, dass der Begriff im Stück inflationär auf die ›zarten‹ Produkte Oskars (111) angewendet werden kann.

Autoritäre Aggression, Macht, Robustheit einerseits, autoritäre Unterwürfigkeit andererseits werden in Horváths dramaturgischem Verfahren als Kehrseiten gezeigt, worauf im Kapitel 4.2.3 eingegangen wird. (Selbstverständlich hatte auch Adorno diese Eigenschaften nicht als sich ausschließende Gegensätze im Sinn, sondern es ging ihm um statistisch-faktorenanalytische Trennung häufig gleichzeitig vorliegender Züge der präfaschistischen Persönlichkeit.)

Ein Beispiel für Projektivität – die undurchschaute bzw. unbewusste Übertragung eigener Konflikte und Impulse auf andere bzw. auf die ganze Gesellschaft – findet sich in des Zauberkönigs Überzeugung, dass es ›immer‹ Krieg gebe, sogar geben ›müsse‹ (195), denn »Krieg ist ein Naturgesetz! Akkurat wie die liebe Konkurrenz im geschäftlichen Leben!« (196), aber auch im noch zu besprechenden Aberglauben (besonders bei Valerie sichtbar), wobei Selbstverschuldetes den Sternen zugeschrieben wird (s. Kap. 4.2.2).

Auch das von Adorno angesprochene übertriebene Interesse an sexuellen Vorgängen findet sich in den *Geschichten*. Die erwachsenen Figuren benehmen sich in vielen Situationen wie frühpubertäre Jugendliche, die in allem und jedem ein sexuelles Zeichen sehen. Als der Rittmeister die Realschülerin »ein musikalisches Kind« nennt, ›schnappt‹ der Zauberkönig sofort ›ein‹: »ein frühentwickeltes« (115). Der wirtschaftlich erfolgreiche Mister wird vom Rittmeister als »Selfmademan« mit dem nahtlos folgenden Zusatz »Selbst ist der Mann« bezeichnet. Valerie versteht die Anspielung: »Oh, Sie Schlimmer!« (173) Kurz zuvor registriert der Zauberkönig beim Heurigen anzüglich, dass Valerie durch den verschütteten Wein bis auf die »Haut« (171) nass gemacht wurde, wobei offensichtlich das Wort ›Haut‹ genügt, um an ›nackt‹ denken zu lassen. Diese ständig zwischen Lüsternheit und Prüderie oszillierende Sexualität durchzieht das ganze Stück und kulminiert in der Korsettschnüffelszene (131).

Der allen männlichen Figuren eigene Zynismus weist bei Alfred die modernste Form auf, ein ›aufgeklärtes‹, eher wohl: ein *halb*-»aufgeklärtes falsches Bewusstsein« (Peter Sloterdijk), das etwa in seiner raffinierten Fragetechnik und der Verwendung des Wortes »Schicksal« (124; vgl. S. 76) und besonders in seiner Wiederaufnahme des von Marianne eingeführten Antonius-Motivs (vgl. S. 31) gegen Ende der Szene II/3 (151) am deutlichsten sichtbar wird.

Episode (und auf Valerie beschränkt) bleibt die Entlarvung des antisemitischen Vorurteils. Umso aufschlussreicher ist deshalb das, was im Text steht. Als Erich dem verlobten Paar »Glück und Gesundheit und viele brave deutsche Kinder! Heil!« wünscht (126f.), verspottet die angeheiterte Valerie diesen rabiaten Rassismus Erichs mit ironischer Übertreibung, stellt ihn dabei aber prinzipiell nicht infrage: »Nur keine Neger! Heil!« Erich ist beleidigt: »Verzeihen, gnädige Frau, aber über diesen Punkt vertrag ich keine frivolen Späße! Dieser Punkt ist mir heilig«. Nur zu gerne einlenkend, beschwichtigt Valerie den ›komplizierten‹ und ›interessanten‹ Mann, ohne dass noch von Juden die Rede gewesen ist, mit den Worten: »Ja glaubens denn, dass ich die Juden mag? Sie großes Kind«. Die szenische und verbale Gestik ist subtil: Valerie spricht ungefragt den eigenen Antisemitismus aus und »*hängt sich ein in das große Kind*« (127). Mit der Darstellung von Valeries erotischer ›Willigkeit‹ wird hier der ›gemütliche‹, ›vorauseilende‹, scheinbar harmlose Antisemitismus (wie er um die Jahrhundertwende vom Wiener christlich-sozialen Bürgermeister Karl Lueger vertreten und propagandistisch eingesetzt wurde) als das entlarvt, was er auch historisch war: als die Vorbereitung und Einstimmung auf den rassischen Antisemitismus (in Österreich systematisch erstmals von Georg Ritter von Schönerer vertreten).

4.2.1 Von den verschiedenen Arten der »Dummheit«

»*Nichts gibt so sehr das Gefühl der Unendlichkeit als wie die Dummheit*« (101) ist dem Stück als Motto vorangestellt. Das Spezifische der ›Dummheit‹ der Horváth'schen Figuren ist adäquat nur in der Janusköpfigkeit des Begriffs zu fassen: Dummheit ist bei den einen grenzenlose Verstocktheit, Selbstgefälligkeit und Borniertheit, fehlende Einsicht in das schuldhaft Böse, und damit ein wesentlicher Aspekt der Spießermentalität. Schon in der *Italienischen Nacht* (1931) hatte es geheißen: »Sie sehen sich alle so fad gleich und werden gern so eingebildet selbstsicher« (GW 3, 70). Obwohl Fräulein Leni das im Kontext auf die Herren in Uniform bezieht, könnten ihre Worte als Motto vieler Stücke Horváths dienen. Diese Art der Dummheit hält vom Denken und vom Mitleid ab, sie verleiht Rücksichtslosigkeit und ›unendliche‹ Selbstsicherheit. Alle diese Figuren der *Geschichten aus dem Wiener Wald* »sind ohne Einsicht in das Böse, das Verwerfliche, das Schäbige, das Lächerliche, das Sinnlose ihres Tuns, ohne Fähigkeit zur Kontrolle ihrer Handlungen, ohne die Kraft zum Abstand von sich und dem Eignen. Ohne Maß, ohne Proportionen, – im Gefühl der Unendlichkeit erleiden sie ihre Endlichkeit: aus unendlicher Dummheit.« (Wapnewski 1978, S. 22)

Doch auch Marianne ist ›dumm‹, allerdings in einem anderen Sinn als die übrigen: Ihre Dummheit ist mit moralischer Integrität verbunden. Wapnewski (ebd., S. 21) spricht in Bezug auf sie von der »Dummheit der Arglosen«, die er der »Dummheit des Argen«, das ist Alfreds, gegenüberstellt. Horváth macht aber dem Rezipienten bewusst, wer schuld ist an Mariannes mangelnder Ausbildung und aussichtsloser Lage: Im Nachtklub hält sie ihrem Vater mit bitteren Worten vor: »Du hast mich ja nichts lernen lassen, nicht einmal meine rhythmische Gymnastik, du hast mich ja nur für die Ehe erzogen – « (185). Marianne ist hier sichtlich Sprachrohr des Autors.

Wie aus der *Randbemerkung* zu *Glaube Liebe Hoffnung* (1932) hervorgeht, ist Dummheit in der ersten Bedeutung für Horváth ein allgemein verbreitetes Phänomen, das er bekämpfen möchte, wobei er sie mit der ›Lüge‹ auf eine Stufe stellt:

»Wie in allen meinen Stücken versuchte ich auch diesmal, möglichst rücksichtslos gegen Dummheit und Lüge zu sein, denn diese Rücksichtslosigkeit dürfte wohl die vornehmste Aufgabe des schöngeistigen Schriftstellers darstellen.« (GW 6, 12f.)

In Wilhelm Emrichs diesbezüglicher Formulierung ist die Dummheit der Horváth'schen Figuren »geradezu das Instrument des Bewusstseins, mit dessen

Hilfe es sich allen Kalamitäten, unbequemen Konflikten, harten Selbsterkenntnisprozessen« zu entziehen versucht und sich »das Gefühl der Unendlichkeit, das heißt der »euphorischen Selbstbestätigung« sowie der »ungetrübten Gewissheit, im Recht zu sein« (1970, S. 142), erschleicht. Diese Dummheit ist von sentimentalen Emotionen begleitet: »Das Kitschgefühl ist gleichsam die Dummheit im Gefühlsleben« (ebd., S. 143). Man wird diesen Ausführungen aber nicht folgen wollen, wenn – in einer Art säkularisierten, auf die Horváth'schen Spießbürger angewandten ›Priestertrugstheorie‹ – diese Dummheit als »willentliche Ignoranz«, als »bewusstes Ignorieren von Fakten«, ja als »List auch intelligentester Köpfe« zur Festigung der eigenen Position (ebd., S. 142) bezeichnet wird. Ein so gefasstes Konzept der ›Dummheit‹ entspricht gewiss nicht der Intention des Autors; Horváth wollte vielmehr die spezifische Dummheit als Spießer-Mentalität, als ein den dargestellten Figuren selbst aber nur sehr bedingt bewusstes Phänomen erscheinen lassen. Was nun die Dummheit Mariannes angeht, so kann es hier noch weniger sein Bestreben gewesen sein, sie als Individuum zu demaskieren, sondern es war vor allem sein Anliegen, ihre Erziehung zu kritisieren, deren Produkt sie ist.

Das Motto des Stücks findet seine unmittelbare Entsprechung in zwei Szenen: In der knotenschürzenden Szene (I/4), die den ersten Teil abschließt, haben die naive Marianne und Alfred, der Filou, ihre Liebe entdeckt. Hier treffen die beiden Arten der ›Dummheit‹ aufeinander, und es stellt sich durch raffinierte Dialogtechnik Alfreds – über die er selbst jedoch nicht vollkommene Kontrolle hat – ein Einverständnis her, das von Marianne für die große Liebe gehalten wird. Die Ironie liegt darin, dass Marianne, die eine Dummheit, die ›Dummheit ihres Lebens‹, begeht, sich dabei über die ›Dummheit‹ ihrer bisherigen Umwelt beklagt und dem raffinierten Alfred, der sie ›einwickelt‹, sogar ein Kompliment macht: »Ich bin nur froh, daß du nicht dumm bist – ich bin nämlich von lauter dummen Menschen umgeben. Auch Papa ist kein Kirchenlicht« (136). Der sonst so eloquente Alfred antwortet lakonisch: »Du denkst zuviel« (136), was zu seiner Strategie passt; Marianne soll ja gar nicht ›denken‹. Alfreds Lügenhaftigkeit in dieser Szene – die ihm selber gar nicht bewusst ist –, äußert sich in Worten wie ›vernüftige Liebe‹ (136) und »moralisches Recht« (137) und seiner Rede vom ›Prinzipiellen‹. Die unendliche Macht der beiden Arten der ›Dummheit‹ wird in dieser Szene sozusagen ›systematisch‹, indem Marianne und Alfred mit ihrem jargonhaften, mit dem in vorgegebenen Klischees verhafteten Sprechen sich ihre Liebe gestehen. Mariannes Unbehagen über ihre dumme bisherige Umwelt ist zwar berechtigt, findet aber den falschen Ausdruck, weil sie ebenfalls in ›dummen‹ Formulierungen befangen bleibt.

In der Kontrast-Szene *Möbliertes Zimmer im achtzehnten Bezirk* (II/2) findet sich ein Dialog, in dem Marianne zuerst noch eine fatalistische Dummheit ausspricht (»Über uns webt das Schicksal Knoten in unser Leben« [145]), dann aber halluzinatorisch zu hören vermeint, Alfred habe sie »dummes Kalb« genannt, und sich dagegen zu wehren beginnt, dass man sie für dumm hält. Der Kontrast ist nur zu deutlich: Marianne war vor einem Jahr (nur zwei Szenen zuvor!)

›dumm‹, doch hier – »*das Licht [ist] trüb*« (143) – setzt die *anagnorisis* im Sinn der aristotelischen Poetik ein. Sie erkennt, dass Alfred seine Liebe zu ihr (oder was er ›halt‹ so Liebe nannte: »Das hab ich im Gefühl« [136], hieß es damals routiniert) verraten hat: »Du hast mal gesagt, daß ich dich erhöh – in seelischer Hinsicht«. – »Das hab ich nie gesagt. Das kann ich gar nicht gesagt haben. Und wenn, dann hab ich mich getäuscht.« (146)

Alfred setzt zuvor – bezeichnenderweise beim Einseifen und Rasieren, bei einer simultanen Maskierung und Maskenabnahme also (s. Kap. 3.3.1) – zu einem Sermon an, in dem er das ausspricht, was Marianne zuvor bereits gehört zu haben glaubte: »Liebes Kind, es gibt eben etwas, was ich aus tiefster Seel heraus haß – und das ist die Dummheit. Und du stellst dich schon manchmal penetrant dumm. Ich versteh das gar nicht, warum du so dumm bist! Du hast es doch schon gar nicht nötig, daß du so dumm bist!« (145f.) Das Perfide an Alfreds Rede ist, dass er hier mit ›Dummheit‹ den »mütterlichen Egoismus« (145), wie er es gleich darauf nennt, nämlich die Weigerung Mariannes, das Kind wegzugeben, meint. Er entlarvt sich dadurch selbst als rücksichtslosen Egoisten, der kein Verständnis für die Situation Mariannes hat. Die beginnende Einsicht Mariannes wiederholt sich und wird in den folgenden Szenen immer klarer: Zuerst ist sie vage trotzig: »Es war nur so überhaupt« (151); sie spricht schließlich die Erkenntnis aus, dass sie »nur für die Ehe« (185) erzogen wurde, und findet schließlich grobianischen Ausdruck (202), wenn sie illusionslos ihr Motiv für die Teilnahme an der widerlichen Versöhnung ausspricht: Sie tue dabei nur dem kleinen Leopold zuliebe mit. Einsicht (abnehmende ›Dummheit‹) trägt jedoch nur zum umso schnelleren Untergang bei, ja Einsicht und Untergang entwickeln sich geradezu umgekehrt proportional. Ein tragisches ›Verkennen‹ der Situation liegt vor, weil ihr Kind zum Zeitpunkt der Versöhnung schon getötet worden ist, was der Leser bereits seit dem Gespräch Mutter – Großmutter am Ende der Szene III/2 weiß.

4.2.2 Kleinbürgerlicher Schicksalsglaube

In allen Stücken und Romanen Horváths klammern sich die Figuren oft an einen sentimentalen und fatalistischen Schicksalsglauben: Astrologie, Spiritismus und Esoterik haben für alle seine kleinbürgerlichen Figuren eine Bedeutung. Für die Angestellten im *Mittelstands-Fragment*, das ungefährt zur selben Zeit wie die *Geschichten* entstanden ist und dessen Personeninventar indirekt eine soziologische Einordnung der Figuren des Stücks vornimmt, sind die »neue[n] Berufe und Vergnügungen« unter anderem »Mystik, Okkultismus, Spiritismus« (zit. nach: stm GWW, S. 184). Diese Mentalität erlaubt es den Figuren der *Geschichten,* eigene Schuld und eigenes Versagen zu verschleiern und zu entschuldigen, indem sie sie einem angeblich unerklärlichen Schicksal anlasten.

Valerie faselt gegenüber dem Mister: »Ja, diese Planeten! Da hängt man damit zusammen und kann gar nichts dafür!«, (180) und erklärt dem Rittmeister ein verwässertes Konzept der pythagoräischen Sphärenmusik (192). Die ›entschuldigend‹-affirmative Funktion dieses Sternenglaubens wird besonders deutlich, wenn er ihr später dazu dient, Alfreds Herzensschlamperei und Gemeinheit zu verbrämen: »Zu guter Letzt ist bei einer solchen Liaison überhaupt nie jemand schuld – das ist doch zu guter Letzt eine Frage der Planeten, wie man sich gegenseitig bestrahlt und so.« (201)

Als Alfred Marianne vor »Unüberlegtheiten« warnt, für die er »keine Verantwortung übernehmen« (136) könne, antwortet diese: »Oh Mann, grübl doch nicht – grübl nicht, schau die Sterne – die werden noch droben hängen, wenn wir drunten liegen – « (136). Hier entspringt der Hinweis auf die Sterne der Gefühlstrunkenheit und Naivität Mariannes. Ihre unreflektierte Schicksalsgläubigkeit wird in ihrem Ausspruch: »Gott hat mir im letzten Moment diesen Mann da zugeführt« (138) besonders deutlich. Alfreds ›halb-aufgeklärt falsches Bewusstsein‹ hatte es ihm schon vor der Liebesszene in einem Gespräch mit Marianne ermöglicht, Wörter wie »Schicksal« und »Naturgesetz« (124) in einer kalkuliert doppelbödigen Weise zu verwenden, womit er Marianne zum Geständnis zwingt, dass sie Oskar nicht liebt.

Die fatalistische Art der Schicksalsgläubigkeit findet sich in den Stücken Horváths vor allem bei den sozial Schwachen und Unterdrückten. Marianne sagt angesichts ihrer sich zuspitzenden sozialen Malaise: »Über uns webt das Schicksal Knoten in unser Leben« (145).

Oskar hat die Schrift Mariannes zu drei verschiedenen Graphologen getragen und drei verschiedene Deutungen erhalten: »Vampir«, »gute Kameradin«, »Hausfrau in persona [... und] Engel« (142). Die Widersprüchlichkeit der Gutachten lässt ihn aber nicht über ihre Brauchbarkeit nachdenken, sondern er fühlt sich in seiner stereotypen Gedankenlosigkeit, das »Weib« sei ein »Rätsel«, eine »Sphinx«, noch bestätigt. In der Handleseszene (153) steht die Dummheit der Prophezeiung im schärfsten Kontrast zu dem, was Marianne wirklich bevorsteht.

Martin Hell fasst den Sternenglauben und ähnlich mystizistisches Gedankengut als »tendenzielle[n] Narzissmus«, als »genüssliche Selbstliebe«, »als Anfangsstadium eines Introversionsprozesses«, als »Fatalismus« (1983, S. 86): Es handele sich »um einen Fatalismus, dem sich die *dramatis personae* ausliefern und in dessen Schatten sie sich letztlich sogar sicher wähnen. Dieser Fatalismus begründet den melancholisch geäußerten Rückzug auf das eigene Ich und damit den Weltverlust. [...] Die Figuren flüchten sich in einen vermeintlichen gesellschaftlichen Freiraum, in einen scheinbar konflikt- und krisenfreien Lebensbereich, der Schutz vor der harten Wirklichkeit bieten soll, letztlich aber eben nur eine (Ent-)täuschung parat hält.« (ebd., S. 86f.)

Für Theodor W. Adorno ist die Neigung zum Okkultismus »ein Symptom der Rückbildung des Bewusstseins« (Minima Moralia. Frankfurt a.M. 1989, S. 321), »Okkultismus ist die Metaphysik der dummen Kerle« (ebd., S. 325). Auch bei Horváth lässt sich der Aberglaube der Figuren als Dummheit ausmachen. Implizit stellt Horváth damit einen Zusammenhang zwischen Aberglauben und präfaschistischer Mentalität her. Dies ist umso bemerkenswerter, als er selbst in seinem Alltag zusehends in okkultistischen Vorstellungen befangen war. (Vgl. dazu die Erinnerungen von Hans Geiringer, Lydia Busch und Klaus Mann; abgedruckt in: Mat ÖvH, S. 107ff., insbesondere 108f., 114f.)

»Ähnlich wie der astrologische Mystizismus ist auch die kleinbürgerliche Naturvorstellung als Facette einer sentimentalen Gefühlshaltung« (Hell 1983, S. 87) zu fassen. In den *Geschichten aus dem Wiener Wald* liefert die Natur – in den beiden Rahmen-Szenen »*Draußen in der Wachau*« (I/1 und III/4; aber auch in II/5) und in der knotenschürzenden Szene »*An der schönen blauen Donau*« (I/4) – den Bezugspunkt für Horváths Analyse des sentimentalen kleinbürgerlichen Bewusstseins. Doppler (1975, S. 170) bemerkt zum Schauplatz dieser Szenen, dass das verkitschte Naturgefühl auch persönlich Verschuldetes als Naturgesetz und als Schicksal erscheinen lässt: »Den Bühnenfiguren ist [die Natur] Katalysator für verkitschte Gefühle, als ›hochromantisch‹ [106] und ›wunderschön‹ [109] korrespondiert sie mit undefinierbaren Wünschen und Sehnsüchten, als Naturgesetz mystifiziert sie persönlich Verursachtes zu schicksalhaft Verhängtem [...].«

4.2.3 Larmoyanz als Kehrseite der Brutalität

In allen Figuren (ausgenommen Marianne) zeigt sich ein Umschlagen oder Oszillieren zwischen Sentimentalität und Destruktivität, zwischen Selbstmitleid und Sadismus, zwischen Larmoyanz und Brutalität, wobei die aggressive Komponente von den Figuren (mehr oder weniger gelungen) getarnt wird. Oskar möchte Marianne »die Hirnschale herunter«-nehmen und »nachkontrollieren, was du da drinnen denkst«; da dies nicht geht, bedauert er sich mit einem weinerlichen »Man ist und bleibt allein« (117). Auf den ›sadomasochistischen‹ Charakter Oskars, der wegen seiner Liebe »immer so große melancholische Augen« hat (140), weist der primitive und unverhüllt sadistische Havlitschek hin: »Nein, das ist etwas Ungesundes! Schauns doch nur, wie er ausschaut, er quält sich ja direkt selbst« (141).

Oskar ist erst dann bereit, sich mit Marianne wieder zu verbinden, als der ›sichtbare‹ Makel in ihrem Leben, ihr Kind, tot ist. Bei der Versöhnung weist er auf das ›Hindernis‹ direkt hin: »Wenn du nämlich nur noch einen Funken Gefühl in dir hast, so mußt du es jetzt spüren, daß ich dich trotz allem noch heut an den Altar führen tät, wenn du nämlich noch frei wärst – ich mein jetzt das Kind« (200). Und am Schluss sagt er: »und jetzt, nachdem sich alles so eingerenkt hat« (209), wobei nur zu offensichtlich wird, was er mit ›eingerenkt‹ meint. Er ist froh, dass das Kind tot ist, dadurch ist sein philiströs-patriarchalischer Stolz wiederhergestellt und er kann sich insgeheim (das soll aber auch heißen: vor sich selbst verborgen) an Mariannes Verzweiflung weiden. Sentimentalität (das von Oskar erwähnte ›Gefühl‹) und Selbstmitleid der Figuren, ihr ›idyllisches‹ und kitschiges Gefühlsleben, wird vom Dichter als Kehrseite latenter und schließlich manifester Brutalität entlarvt. Vor allem im Kleinbürgertum mit seinem starken Konkurrenzkampf und der damit einhergehenden ökonomischen Unsicherheit entwickelten sich solche Bewusstseinsstrukturen, die später von Wilhelm Reich und Erich Fromm als ›sadomasochistischer Charakter‹ identifiziert wurden. Dieser Charaktertyp erwies sich als besonders anfällig für die Ideologie des Faschismus. Horváth erklärte diese Charakterstruktur in seiner *Randbemerkung*, in der es heißt, dass die »Gefühlsäußerungen« der Menschen ›verkitscht‹ sind, das ist: »verfälscht, verniedlicht und nach masochistischer Manier geil auf Mitleid, wahrscheinlich infolge geltungsbedürftiger Bequemlichkeit« (GW 6, 12).

Was in den *Geschichten* in simultaner Zeige- und Verbergetechnik vorgeführt wird, wird im gleichzeitig entstandenen epischen Werk oft wieder ›zerlegt‹: Weinerlichkeit wird meist *neben* Destruktivität vorgeführt, und rabiate Destruktivität wird *direkt* auf das politische Verhalten dieser Figuren bezogen. In einer Vorarbeit zum *Ewigen Spießer* empfiehlt ein deutscher Chauvinist namens Kakuschke dem Herrn Kobler, sein ergaunertes Geld in eine »Giftgaserfindung« zu investieren, denn »jeder Franzose und jede Französin gehören vergast! Ich mach auch vor den Weibern nicht halt, ich nicht!« (GW 12, 295). In der Endfassung des Romans wünscht sich ein österreichischer Hofrat, es noch erleben zu dürfen, »wie alle Sozis aufghängt werden« (GW 12, 165). Bereits 1927 sagt ein rabiater Rassist bei Horváth: »Wenns losgeht, dann kommt ein Gesetz, daß sich jeder Jud einen Rucksack kaufen muß. Was er hineinbringt, das darf er mitnehmen nach Jerusalem. Was er nicht hineinbringt, gehört uns«. Horváth hielt also damals schon die wild gewordenen Kleinbürger für etwas fähig, was später Wirklichkeit wurde.

Doch auch im epischen Werk wird auf den Zusammenhang von Sentimentalität und Rücksichtslosigkeit oft explizit hingewiesen: »Der Spießer ist bekanntlich ein hypochondrischer Egoist, und so trachtet er danach, sich überall feige anzupassen und jede neue Formulierung der Idee zu verfälschen, indem er sie sich aneignet.« (GW 12, 129)

Noch deutlicher gezeigt *und* ›verborgen‹ (im spezifischen Sinn Horváth'scher Gestaltung) wird das Oszillieren zwischen Gewalt und Kitschgefühl in einer Passage aus *Jugend ohne Gott* (1937): Im Brief der Bäckermeistersgattin an ihren Sohn (der mit der Schulklasse auf Jugendlager ist) wird ein nahtlos in brutale Aufforderung zur Denunziation übergehender ›Biedersinn‹ vorgeführt und demaskiert. Scheinbar idyllisch ist da vom verendeten Kanari die Rede, dann vom »herrlichen Rehrücken mit Preiselbeeren«. Dies ist der dämonische Ton der ›Gnädigen Frau‹ (113) aus den *Geschichten*, die für den ›Bubi‹ Spielzeugsoldaten einkauft.

»Denk Dir nur, Mandi ist gestorben. Vorgestern hüpfte er noch so froh und munter in seinem Käfiglein herum und tirilierte uns zur Freud. Und heut war er hin. Ich weiß nicht, es grassiert eine Kanarikrankheit. Die Beinchen hat der Ärmste von sich gestreckt, ich hab ihn im Herdfeuer verbrannt. Gestern hatten wir einen herrlichen Rehrücken mit Preiselbeeren. Hast du auch gut zum Futtern? Vater läßt Dich herzlich grüßen, Du sollst ihm nur immer weiter Bericht erstatten, ob der Lehrer nicht wieder solche Äußerungen [gemeint sind humane und antifaschistische Ä.; Anm. d. Verfs.] fallen läßt wie über die Neger. Laß nur nicht locker! Vater bricht ihm das Genick! Es grüßt und küßt Dich, mein lieber Otto, Deine liebe Mutti.« (GW 13, 63)

Nicht nur beiläufige Episode, sondern ›textuelle Prophetie‹ ist es deshalb, wenn in der Nachtlokalszene der *Geschichten* ausgerechnet eine (anonyme) »*gemütliche*« Stimme Valeries Entfernung aus dem Maxim fordert: »So werfts es doch naus, die besoffene Bestie!« (182) Valerie drohte nämlich mit ihrem hysterisch gezeigten Mitleid für Mariannes Schicksal das Amusement zu stören.

4.2.4 Das Reich der ›niederen Dämonen‹

Horváth gab sich bereits in den Zwanziger Jahren keinen Täuschungen über den zutiefst asozial-kriminellen Charakter der braunen ›Bewegung‹ hin, doch – so meint Christian Schnitzler – erkläre sich diese Sensibilität eher aus »zufälligen biografischen Konstellationen« (1990, S. 75). Die frühe Erkenntnis der Gefährlichkeit des heraufziehenden Nationalsozialismus (wie sie im *Sladek* und in der *Italienischen Nacht* direkt gezeigt wird) entspringe nicht »quasivisionären Fähigkeiten« bzw. »exzeptionell weitsichtigen Analysen«, sondern konkreten Erfahrungen des Schriftstellers an seinem Zweitwohnsitz Murnau, besonders als er Anfang 1931 Zeuge einer Saalschlacht der Nazis wurde. Kritisch ist gegen diese Kurzschließung von biografischer Forschung auf dann angeblich nur akzidentell bedingte Sensibilität für die Gefährlichkeit des Nationalsozialismus anzumerken, dass Dichter als empfindlichste Seismographen sich anbahnende Entwicklungen oft am frühesten registrieren. Horváth setzt gerade in den *Geschichten* Einsichten über den Faschismus frei, »die wir heute trotz aller Faschismus-Theorien noch nicht haben« (Nolting 1983, S. 118; im Kontext stärker auf Karl Kraus bezogen). In der Ausklammerung jeder öffentlichen Stellungnahme für eine politische Partei seitens der Figuren bei einem Verhalten, das im nichttrivialen Sinn ›alltagsfaschistisch‹ zu nennen ist, findet sich die Parallele zu Adornos empirischer Analyse, in der ebenfalls nicht der faschistische Parteigänger sondern der für den Faschismus anfällige Charaktertyp analysiert wird.

Franz Werfel (1890 – 1945) bemerkte, Horváth sei »wie kein anderer« geboren gewesen, »die erschöpfende ›Dämonologie des Kleinbürgertums‹« (Werfel 1970, S. 134) zu liefern. Valerie bezeichnet den Zauberkönig als »dämonische[n] Menschen[en]« (176), doch ist angeblich auch Alfred ein Hypnotiseur (124). Mit dieser in Horváths Werk entlarvten ›Dämonologie der Gemütlichkeit‹ (Hilde Spiel) wird keineswegs eine rationale Analyse des Faschismus verstellt. Faschistisches Verhalten wird ja nicht auf das ›Dämonenhafte‹ der Führer reduziert, sondern gezeigt werden die ›dämonischen‹ Züge der präfaschistischen Massenbasis. Gespenstisch anmutenden Scharfblick verrät die folgende Passage im Stück: Valerie bemerkt »*tonlos*« – ›*tonlos*‹ heißt bei Horváth immer: ohne sprachliche Verstellung (vgl. etwa GW 10, 42) –, dass Erich, diese »ganze Division«, mit dem

Zauberkönig »entfernt verwandt« (173) sei. In der Tatsache, dass Erich trotz seiner Außenseiterrolle von den anderen so ›hemmungslos‹ integriert wird (s. Nolting 1983, S. 131) – nämlich als Mitglied eines illegalen nazistischen Wehrverbands in Österreich, als Bettschatz Valeries, durch die Mitnahme zum Heurigen (wo er auf Kosten der anderen »*exorbitant*« [172] frisst), durch des Zauberkönigs Aufforderung, die »Wienerstadt« (195) nur ja nicht zu vergessen –, zeigt der Autor, wie sehr dieses so ›unpolitische‹ Wiener Bürgertum bereits 1931 mit deutschnationalen Ideen sympathisierte – abzulesen auch daran, dass die Maxim-Besucher nach dem Abspielen des preußischen Militärmarsches »Fridericus Rex« begeistert aufspringen und das Deutschland-Lied singen (181). Das Personenarsenal der *Geschichten* spiegelt sozusagen die ›Vorhölle‹ des Nationalsozialismus. Mit Ausnahme des unverhohlen national rülpsenden Erich ist jedoch »die Unmenschlichkeit oder lädierte Menschlichkeit der Hauptakteure noch weitgehend auf den privaten Bereich beschränkt« (Glaser 1983, S. 78f.). Die Nationalsozialisten verstanden es dann, die »Rieselfelder abgesunkenen Seelenlebens« dem nationalen Aufbruch zu erschließen (ebd., S. 79). Viele von Horváths Figuren sind in politischer wie sozialer Hinsicht ›Strandgut‹ und demzufolge leichte Beute für nationalistische Demagogie. Ihre ökonomisch ungesicherte Lage, ihre Bereitschaft, sich »überall feige anzupassen« (GW 12, 129), und die daraus resultierende Gemeinheit und Brutalität – diese Voraussetzungen machten es dem Nationalsozialismus leicht, solche Charaktere für seine Zwecke zu gebrauchen. Horváths Werke zeigen die Basis, aus der die braune Bewegung wuchs.

Horváth macht klar, »dass aus Sprachrohren schon geschossen wird, wenn man aufs Bleigießen noch verzichtet« (Nolting 1983, S. 119): »Krieg ist ein Naturgesetz« (196). Diese Sprache wurde ab 1933 der öffentliche politische Diskurs, ebenso wie ein abgewandeltes »Ave Caesar« (118).

Die Geschichte hat Horváths Figuren »fortgeschrieben« (Glaser 1983, S. 81). Der Auschwitz-Kommandant Rudolf Höß berichtet von seinem ›idyllischen‹ Gefühlsleben in seiner neben dem Vernichtungslager gelegenen Villa:

> »Meine Frau hatte ihr Blumenparadies. [...]. Es wird wohl auch kein ehemaliger Häftling sagen können, dass er je in unserem Haus irgendwie schlecht behandelt worden sei. Meine Frau hätte am liebsten jedem Häftling, der irgendetwas bei uns zu tun hatte, etwas geschenkt. Die Kinder bettelten dauernd bei mir um Zigaretten für die Häftlinge. [... Die Kinder planschten] im Garten [...]. Ihre größte Freude war jedoch, wenn Vati mitbadete. Der hatte nur wenig Zeit für all die Kinderfreuden. Heute bereue ich es schwer, dass ich mir nicht mehr Zeit für meine Familie nahm. Ich glaubte ja immer, ich müsse ständig im Dienst sein. Mit diesem übertriebenen Pflichtbewusstsein habe ich mir das Leben selbst immer schwerer gemacht, als es an und für sich schon war.« (Rudolf Höß: Kommandant in Auschwitz. Autobiographische Aufzeichnungen des Rudolf Höß. Hg. von Martin Broszat. München 1963, S. 134)

Die Ähnlichkeiten in der szenischen und sprachlichen Maskierung (vgl. Kap. 3.3.1 und 3.4.4) der Tücke bzw. der ›Heimstätte‹ des Massenmords sind frappierend. In den *Geschichten* wird ein »*Balkon mit Blumen*« (110) vorgeschrieben, hier ist vom ›Blumenparadies‹ die Rede. Die sprachliche Tarnung besteht hier in Ablenkung und verharmlosender Vagheit (›*wird wohl auch kein* Häftling sagen *können*‹, ›*je* in *unserem* Haus‹, ›*irgendwie* schlecht behandelt‹); der Massenmord kommt nur als ›lästige‹ Pflicht ins Gesichtsfeld, wobei sich Höß noch selbst bedauert. Diese ›Pflicht‹ wurde von den nationalsozialistischen Ideologen nicht mehr unter Berufung auf »Gott« (190 und 207) gerechtfertigt, sondern (wenngleich nicht weniger zynisch) gegenüber anderen Instanzen: vor der ›Vorsehung‹ (was immer das ist) oder als Auftrag gegenüber der Geschichte oder vor der Instanz, die sich am allerwenigsten gegen Beschuldigungen wehren kann, vor der Natur.

»Arbeit schändet nicht« (114) muss die naive Marianne im Stück sagen, ohne dass ihr der im Kontext enthaltene Zynismus bewusst werden kann. ›Arbeit macht frei‹ war auf dem Eingangstor von Auschwitz zu lesen.

5 Zur Rezeption

Horváth war nach dem Zweiten Weltkrieg in Österreich nie vergessen. Allerdings war sein Werk vorerst nur einem kleinen Kreis von Eingeweihten und ehemaligen Freunden bekannt. *Der jüngste Tag* jedoch wurde bereits 1945 im Burgtheater wieder aufgeführt. Im Mittelpunkt des Rezeptionsinteresses standen in dieser ersten Phase (1945 bis 1962/63) die überwiegend wohlwollend aufgenommenen späten Stücke des Autors. Die *Geschichten* – die kritische Entlarvung der Kitschlegende Wien – wurden zwar 1948 im Volkstheater gegeben, doch lösten sie einen Theaterskandal aus, sodass sie in Wien erst wieder 1968 (!) gespielt wurden (s. Lechner 1978, S. 51ff.).

In der zweiten Phase (1963 bis 1971/72) verschiebt sich das Rezeptionsinteresse nach Deutschland und zugleich hin zu den sozialkritischen Stücken, am häufigsten wird jetzt *Glaube Liebe Hoffnung* gegeben. Die folgende, dritte Phase umreißt Gisela Günther (1978, S. 127) wie folgt: »Das *Wiener-Wald*-Stück, von vielen Dramaturgen und Regisseuren als Horváths vollkommenste Leistung bezeichnet, gerät in die Zone der Klassizität«. Es kommt jetzt zu einer vorher nie erreichten Zahl von Horváth-Aufführungen auf deutschen Bühnen, wobei die *Geschichten* zum Teil nostalgisch inszeniert, zum Teil jedoch innovativen Regie-Konzepten unterzogen werden, die folgendermaßen charakterisiert werden können:

– starke Episierung durch Einbeziehung Brecht'scher Verfremdungsmittel,
– starke Denunzierung der Figuren (Hollmann 1971 und 1974, Giesing 1978),

- Forcierung des Sprachgestus: Überdehnung der Stille, ›Vorzeigen‹ der Täuschungsfunktionen der Sprache und der Doppeldeutigkeit der Gespräche in einer ›dialogischen Zeitlupe‹ (Hollmann 1971 und 1974),
- ›Einfrieren‹ bestimmter Sequenzen als eine Art gestisches Ostinato-Motiv, bzw. als ›szenische Zeitlupe‹ (besonders Flimm 1973; teilweise auch: Grüber 1972, Hollmann 1971 und 1974, Gamper/Zankl 1975),
- ›kühle‹ (entkitschte, ›entwienerte‹) Versionen, Eliminierung oder radikale Umfunktionierung der Volksstückelemente (Hollmann 1971 und 1974, Flimm 1973, Gamper/Zankl 1975, Ciulli 1977, Jeker 1977, Giesing 1978, Bosse 1981),
- Montage von Elementen aus Vorarbeiten, Varianten und anderen Stücken, ja sogar aus dem epischen Werk (Grüber 1972),
- Inszenierung als Albtraum mit utopischen Zügen (Grüber 1972),
- inszenatorische Interpretation als ›Großer Totentanz‹ (Gamper/Zankl 1975),
- tiefenpsychologische Deutung (Gamper/Zankl 1975),
- forciert aktualisierende Konzepte,
- Changieren zwischen ›historischen‹ Kostümen – z.B. Melonenmänner à la Magritte – und ›modernen‹ Requisiten – z.B. Gartengriller, Haarföhn, Sauna mit Fitnessgeräten (Grüber 1972),
- Neudefinition von Rollenklischees – etwa Marianne nicht naiv (Grüber 1972, Giesing 1978).

Die Horváth-Mode der 70er Jahre, in der Horváth als gesellschaftskritischer Autor entdeckt wird, ist auch als eine Folge der Ende der 60er Jahre einsetzenden Faschismusdebatte zu sehen. Vom heutigen Forschungsstand aus dürfen das Unheimliche und die metaphysischen Elemente (Schuld- und Todesthematik, Frage an den abwesenden Gott) auch bereits in dieser Phase seines Werks nicht übersehen werden. Besonders die Analysen Gampers sowie die Inszenierung durch Gamper und Zankl (Stuttgart 1975) haben auf diese Ebene des Stücks aufmerksam gemacht.

In den 80er Jahren ist quantitativ eine gewisse Stagnation bei Horváth-Aufführungen festzustellen, in Hinblick auf die Qualität der Regie-Konzepte eine »Trendlosigkeit« (Skriboth-Keber 1994, S. 11) und Ratlosigkeit. Stark polarisierte Kontroversen, wirkliche Irritationen finden nicht mehr statt. An vorderster Stelle liegt jetzt *Kasimir und Karoline*, unmittelbar gefolgt von den *Geschichten*, die auch mehrmals im Ausland inszeniert werden, wobei das (an sich unlösbare Problem) der Übersetzbarkeit des »Bildungsjargons« oft umgangen wird oder scheitert. Im deutschen Sprachraum aber auch im Ausland kommt es zu einigen Aufführungen durch Schultheater- und Laienensembles. Den wichtigsten rezeptionsfördernden Impuls stellte die Verfilmung der *Geschichten* durch Maximilian Schell (1979) dar, die (trotz teilweiser Ablehnung durch die Kritik) das Stück vorübergehend weltbekannt und auch einem breiteren Publikum zugänglich machte.

6 Zur Theatergeschichte

DÜSSELDORF 1971. REGIE: HANS HOLLMANN

Hellmuth Karasek: Heurigen-Kälte (In: DIE ZEIT vom 15. 1. 1971)

Ödön von Horváths „Geschichten aus dem Wiener Wald" lassen sich von verschiedenen Seiten her angehen. Einmal ist dieses »Volksstück« aus den dreißiger Jahren die perfekte Entlarvung des Operetten-Klischees vom singenden, klingenden, walzerseligen Wien, das bekanntlich ein goldenes Herz hat und sein Mutterl liebt. In dieses Klischee, so zeigt Horváth, hatten sich seine depravierten Kleinbürger zurückgezogen, um ihre Kläglichkeit und ihre durch die Verhältnisse bedingten Gemeinheiten überleben zu können.

Das ist sicher der wichtigste Zug dieses einzigartigen Stücks. Doch wenn man das Stück von der weiblichen Hauptfigur, der Marianne, angeht, die hier unter die Räder einer erbarmungslosen Gemütlichkeit kommt, dann wird man auch sagen können, dass Horváth Schnitzlers »Süßes Mädel« in die Inflationszeit übergeführt hat. Es ist gar keine Übersteigerung, zu sagen, dass man in der Marianne Horváths Gretchen erblicken kann. Ihr Schicksal ist nur ganz und gar unfaustisch darauf ausgerichtet, dass ihr all das genommen und ausgetrieben wird, was sie unter all diesen gemütlichen Ungetümen zum Menschen macht. Tragödien enden nicht mit dem Tod, sondern mit der Eingemeindung in die kalte Warmherzigkeit der Gesellschaft.

Es ist klar, dass Horváth nicht mit einer stimmungsmalenden Sentimentalität beizukommen ist. Diese Erkenntnis verdanken wir nicht zuletzt den musterhaften Inszenierungen Hans Hollmanns, also der Stuttgarter »Italienischen Nacht« und »Kasimir und Karoline« in Basel. An der Düsseldorfer Inszenierung der »Geschichten aus dem Wiener Wald«, die mit ihren geduldigen vier Stunden sich in die Nichtdenkpausen der Personen versenkte, weil sie »das Abgründige« in sich zu entdecken meinen, ließ sich ablesen, wie weit Hollmann inzwischen seine Horváth-Bühne als Ausstellungspark von in Kunst überführter Menschenzoologie versteht. Thomas Richter-Forgachs Bühnenbild, das die Donau in Aquarien filterte und den Walzerkönig als Denkmal gleich mehrfach auf die Bühne postierte, schuf den Raum, in dem sich Hollmanns Fähigkeit, den Figuren mit großen dekouvrierenden Theatergesten Mittel einer scharfen Charakterisierung an die Hand zu geben, auf das Glänzendste entwickeln konnte. Aus der Vorliebe des Horváth'schen Fleischhauers Oskar (Wolfgang Reinbacher), Personen zur Fotografie eines kitschigen Stimmungsbildes gerinnen zu lassen, gewann die Aufführung, die die Nerven des kulinarischen Düsseldorfer Premierenpublikums erheblich strapazierte, eindringliche Bilder geronnener Zeit und gefrorener Posen der Gefühlsduselei und Gemeinheit, der Heurigenseligkeit und Brutalität, des sentimental drapierten Egoismus.

Das Klischee als soziale Verhaltensnorm konnte damit perfekt entlarvt werden. Aber wie gesagt, Horváths Stück ist auch ein Stück der Marianne. Und wenn Hollmann im ersten Teil auch ihre Gefühle in pure Kleinmädchen-Stimmungsduselei trieb, dann schien mir die Aufführung dabei zu übersehen, dass Horváth gerade der Sentimentalitäten dieses Mädchens den Gehalt der Wahrheit gibt. Anders als in der »Kasimir und Karoline«-Inszenierung waren also zumindest im ersten Teil der Düsseldorfer Aufführung falsche Stimmung als notwendige Aufrichtigkeit in einer verkehrten Welt nicht in dem notwendigen Gleichgewicht. Veronika Bayers Marianne war hier ebenso wie die anderen Figuren eigentlich nur einem mitleidlosen Durchschauen ausgesetzt. Hollmanns Stil schien dann in einer zeitlupenhaften, gestochenen Vorführung von Horváths Basiliskenblick für das Banale, Schäbige, Böse einzufrieren. Das Stück wurde misanthropisch, was es auch ist, wenn man die Menschen stärker für die Verhältnisse als die Verhältnisse für die Menschen verantwortlich macht.

BERLIN, SCHAUBÜHNE, 1972. REGIE: KLAUS MICHAEL GRÜBER

Henning Rischbieter: Der überrealistische Horváth (In: Theater heute 9, 1972)

Da haben wir nun den Skandal. Was die Stücke Horváths anlangt, so schien unser Theater auf den besten, sichersten Wegen: Die Stücke sind Mitte der sechziger Jahre über die Main-Linie vorgedrungen, in die Spielpläne auch der mittleren und kleineren Theater eingegangen (vor allem »Kasimir und Karoline«, »Italienische Nacht« und das spät entdeckte Frühwerk »Zur schönen Aussicht«). Ein kleinmalerischer, flacher, so genannter Realismus hat die Aufführungen bestimmt, mit ein bisschen Brecht-Sorgfalt hier verfeinert, dort mit ein wenig wienerischer Schlamperei angetönt.

Und nun die fast vierstündige Aufführung der »Geschichten aus dem Wiener Wald« an der Schaubühne am Halleschen Ufer in Berlin. Sie wird den Zorn der Horváth-Philologen erregen, sie irritierte einen großen Teil des Premieren-Publikums so, dass es am Schluss nur den Beifall weniger gab. Die Buhrufer: Das waren vielleicht Text-Kenner, die sich über den großzügigen Umgang der Schaubühnen-Dramaturgie (Dieter Sturm) mit dem »Original« aufregten, das nämlich durch Striche, vor allem aber Einschübe aus Horváth-Werken und -Fragmenten eingreifend verändert wurde – das mögen aber auch doktrinäre Linke gewesen sein, die sich über die zunehmende Fantastik, über die übersetzte, verlangsamte, bis ins Halluzinatorische verrätselte szenische Bildsprache, über diesen wuchernden Wald von nach außen gekehrtem Unbewussten (Regie Klaus Michael Grüber, Bühne Karl Ernst Herrmann, Kostüme Moidele Bickel) ärgerten.

Diese uneinheitliche, partienweise noch unvollkommene und angestrengte, widerspruchsvolle, wüste und alptraumhafte Aufführung (der ich, das ist ein notwendiges und notwendig subjektives Urteil, mit gebannter Aufmerksamkeit gefolgt bin) – die Aufführung ist es wert, gesehen, analysiert, umstritten zu werden.

Die »marxistische« Textfassung

Ihr Grundwiderspruch (ihre Spannweite, könnte man auch sagen) besteht zwischen Textfassung und szenischer Bildlichkeit. Grob gesprochen: Die Textfassung ist marxistisch, die Inszenierung surrealistisch. Die Textfassung knüpft an das Horváth'sche Roman-Exposé »Der Mittelstand« an, das im Programmheft abgedruckt ist. Denn dieses Exposé zeigt am konzentriertesten in Horváths Werk dessen gesellschaftlichen Scharfblick: sein intuitives, von sinnlichen Details strotzendes Verständnis für den geschichtlichen Prozess, der als Zerfallsprodukt des Frühkapitalismus den kleinen, gewerbetreibenden Mittelstand, als Wucherungserscheinung des Spätkapitalismus den neuen, angestellten Mittelstand hervorbringt – welche beiden Kleinbürger-Gruppen in verschiedenen Verbindungen und Überlagerungen Horváths Hauptpersonal bilden und dessen depraviertes und ressentimentgeladenes Bewusstsein er zu seiner ohnmächtig-uneigentlichen Sprache bringt. Die Schaubühnen-Dramaturgie gibt vor allem dem Zauberkönig Textstellen in diesem Sinne, und sie schiebt zwischen die »Wiener Wald«-Szenen Dialoge aus anderen Werken Horváths ein, gesprochen von zwei Billardspielern, politisierendes Geschwätz über Kaufleute, Proletarier, über Individualismus und Sozialismus etc., das in der gespenstischen Genauigkeit, mit der sich in ihm die kleinbürgerliche Desorientiertheit selbstgewiss abbildet, an ähnliche Dialoge von Karl Kraus erinnert.

»Surrealistische« szenische Fantasie

Aber es würde nicht weiterführen, wenn man die Textfassung und die durch sie bewirkte Veränderung der gewohnten Figuren und Situationen weiter beschriebe. Denn übermächtig schiebt sich über sie die szenische Fantasie Grübers und Herrmanns. Sie hebt die genaue soziologische Fixierung schon deshalb auf, weil sie die genaue historische Festlegung vermeidet: Ihr ästhetischer Kosmos ist aus Bildprägungen vom Jahrhundertbeginn, den zwanziger, dreißiger, vierziger, sechziger Jahren unwahrscheinlich gemischt und doch überwältigend geschlossen.

Herrmanns Spielraum: Die Zuschauer sitzen in Logenabteilungen, die durch eine heruntergezogene, mit Wolken bemalte obere Abgrenzung und eine untere Balustrade sozusagen in Voyeurs-Separées verwandelt sind, beleuchtet in den Pausen von befransten Lampenschirmen. Von allen Seiten blicken sie in den großen rechteckigen Spielraum, der zusätzlich an jeder der vier Seiten noch – wiederum rechteckig – ausgeweitet ist: an den beiden Schmalseiten liegen – weit voneinander entfernt – einander gegenüber das zweistöckige Haus des Zauberkönigs (Eisengerüst, behängt und besetzt mit Tand und Trödel) und die Wohnung von Alfreds Mutter und Großmutter in der Wachau: ein Environment aus aufgeplatztem Sofa, riesigem roten Inlett, hervorquellendem Hausrat, dahinter unter einem meterhohen Plexiglassturz die Ruine, die Aussicht und Fernsicht für Touristen bietet und die beiden Frauen ernährt. An den Längsseiten: eine Nische, in die Wasser gemalt ist, und gegenüber, einen Meter abgesenkt, der Billardtisch für die dialogisierenden Spießer. Die große Spielfläche in der Mitte ist uneben, parkettiert oder mit Grasteppich oder mit Plastikpflasterung versehen, inmitten trichterartige Vertiefungen und Schlupflöcher, durch die Auf- und Abtritte möglich sind.

Es gibt vielerlei Lichtquellen, Scheinwerferroste über der Mitte, Neonröhren, Pilz-Lampen auf dem Rasen, die Billard-Beleuchtung. Sie werden in verschiedenen Mischungen verwendet. Es ist manchmal ziemlich dunkel, niemals gleichmäßig und ganz hell. Noch mehr als in den angehäuften Ausstattungsstücken (die aber auch vom alten Tafelklavier bis zum modernen Gartengrill reichen) drückt sich die oben angedeutete changierende Historizität der Aufführung in den Kostümen aus. Dominierend ist hier die Anlehnung an die mit steifen Hüten gekrönten, in schwarze Smokings, Gehröcke, Fräcke gekleideten, mit hohen Krägen gestützten, scharf silhouettierten Gestalten aus den Bildern der Surrealisten Delvaux und Magritte. Drei Smokingträger treten mehrmals auf, lehnen sich an die drei Straßenlaternen vor des Zauberkönigs Haus und entfalten mit exakter Gebärde Zeitungen. Die Unterschenkel überkreuzt, verharren sie wortlos, grüßen nur dann und wann die agierenden Figuren mit angedeutetem Melonen-Lüften. Die beiden älteren Männer (Rittmeister und Zauberkönig) sind in lange Schoßröcke gekleidet, fast immer nur mit Hut und auf dicksohligen, kothurnartigen Schuhen gehend.

Scharf geschnittene Figuren

Dem Kostüm entspricht die Auffassung der Figuren: Der Zauberkönig (Dieter Laser) hat eine grollende Bestimmtheit durchgehend in der Stimme, er gibt ein fast jüdisch anmutendes, pathetisch-anklagendes Vaterbild ab (die kleinen wienerischen Schmierigkeiten sind der Figur fast weggenommen). Der Rittmeister (Otto Sander), bodenlanger Schoßrock, ist ein weiser, neugieriger Märchenonkel. Finster verquält, hässlich fanatisiert Oskar, der Fleischhauer (Bruno Ganz). Sein Geselle Havlicek (Thilo Prückner) figuriert martialisch mit nacktem Oberkörper, durchsichtiger langer Plastikschürze, Schlächtermesser im Riemenzeug. Ins Fantastische vollends übersetzt die Großmutter Alfreds (Elfriede Irrall): sitzend mit starrem Kahlkopf, in glänzender dunkler Korsettage, mit obszön geöffneten Knien. Diesen stilisierten, ja chiffrierten und dadurch auch simplifizierten Figuren stellen sich die Trafikantin Valerie, ihr (sie ausbeutender) Liebhaber Alfred und des Zauberkönigs Tochter Marianne entgegen. Valerie, mit flachem runden Hut und in lose fallenden, zerfaserten Roben aus den Zwanzigern, zeigt einen fast schon nymphomanischen Geilheitszustand vor dem Klimakterium: eine Figur in einem exzessiven Dauer-Notstand, ein hysterisches letztes Aufbäumen vor der Alterseinsamkeit. Edith Clever hat ihre schrillen, im Diskant gespressten stimmlichen Mittel gerade im Ausdruck der Obsession noch nie so rückhaltlos zur Entblößung einer Figur eingesetzt.

Es tritt aber nicht ein, was bei Übersteigerungen zu befürchten ist: Denunziation. Denn schon hier macht sich ein Prinzip der Aufführung (des Regisseurs?) bemerkbar: Bei aller lang und rückhaltlos vorgeführten Schreckenskomik von Situationen und Figuren ist nicht deren Verwerfung gemeint, auch nicht ihre überhebliche Vorführung als Material soziologischer und politischer Demonstration, sondern die Teilnahme an ihrer Miesigkeit, Hinfälligkeit und Süchtigkeit. Indem diese Figuren gemein und grotesk zappeln, wollen sie ja eigentlich aus sich heraus, von sich weg, in eine andere, bessere Zukunft. Bestimmte Momente der Aufführung haben einen utopischen Zug. Er ist die eigentliche Rechtfertigung der Übersteigerung ins Fantastische.

Die proletarische Marianne

Vom Exzessiv-Stilisierten fast ausgenommen ist allerdings die Marianne. Jutta Lampe, von der man schon so viel hochstilisiert Zickiges gesehen hat, ist völlig anders als sonst und völlig anders als frühere Darstellerinnen der Marianne. Der schwärmerische Zug, das verkitschte Streben nach dem Höheren, Seelischen geht ihr ab. Sie ist ein eher nüchternes, banales, fest auf den Füßen stehendes Mädchen, sie kann verbockt, heftig, kalt sein. Sie spricht und blickt mit einer geradezu proletarischen, unsentimentalen Direktheit und Klarheit. Sie grault sich vor Oskar, und während des Wienerwald-Verlobungspicknicks verliebt sie sich in Alfred: Die Liebesszene nach dem Bad in der Donau wird von ihr als ein – das altmodische Wort muss her – Gefühlssturm gespielt: »Du, du du, du ...« umschlingt sie Alfreds nackten Oberkörper.

Dieser Alfred (Michael König) ist eine neoklassizistische Jungmännerplastik, ein Cocteau-Jüngling im weißen Satinanzug mit engster Taille und weitestem Hosenbeinschlag. Er ruckt und zuckt demonstrativ mit Hüften und Becken, er posiert in fordernd-bittenden Haltungen. Er wirft den Kopf mit der blonden Haartracht eitel in den Nacken, wenn Valerie oder Marianne sich um seine Hüften oder seinen Thorax schlingen. Die Fragwürdigkeit der Gestalt zeigt sich (in der vereinfachten, vergrößerten Weise der Aufführung) im Kontrast zwischen den posierenden Gesten und der manchmal kleinmütig-hilflos nölenden Stimme. In der Schlussszene ist Alfred ein Flehender, er krümmt sich demütig in sich hinein, damit Valerie ihn wieder aufnimmt.

Fantasmagorie: »Magazin des Glücks«

Wann eigentlich beginnt der überrealistische, fantastische Grundzug der Inszenierung zu dominieren? Schon die Baronin, die Marianne in ein Etablissement verkuppeln soll, und ihre Schwester sind aus den Schlupflöchern vorkriechende Alptraumwesen, fahles Gewürm. Die blinde Schwester umschlingt Mariannes Beine, tastet ihr unter den Rock. Wenn Zauberkönig, Rittmeister, Valerie und ihr zackiger Aushilfsgeliebter, der nassforsche Student Erich (Rüdiger Hacker) zum Heurigen gehen (eine Szene, die selbst in Hollmanns kalt vorzeigender Demonstrativregie in der Düsseldorfer Inszenierung das penetrant abziehbildhafte Naturalistische nicht recht zu überwinden vermochte, zu schweigen von der Züricher oder Münchner Aufführung, wo die Zuschauer zum Mitklatschen verführt wurden) – diese Szene spielt hier in dem größten der Trichter inmitten der Spielfläche. Lange Ketten von Würsten schlingen sich in das Menschengewühl, das da in halben Figuren herausknäult und in dessen Mitte sich ein Trachtenpaar im Dauerwalzer dreht. Valerie und Zauberkönig lallen und lächeln, der besoffene Gesang geht in zartes Getön über.

Vollends auf den Stücktext verzichtet die folgende Szene. Statt des Nachtlokals Maxim (und der Kolportage-Handlung mit Mariannes Notdiebstahl an einem betrunkenen Austroamerikaner) nimmt die Schaubühnenaufführung einen Satz aus Horváths Revue-Entwurf »Magazin des Glücks« auf: »das Magazin des Glücks sollte im kleinen der Menschheit das bieten und ersetzen, was sie auf dieser Welt ersehnte und erwünschte.«

Vier nackte Mädchen erfüllen den ins Paradies der unterbewussten Wunscherfüllung versetzten Hauptfiguren (Vorläufer von Genets Bordellbesuchern im »Balkon«) deren Träume: Der Student Erich ersteigt mit markerschütterndem Siegergebrüll als Alpinist die Ruine in der Wachau, im Plexiglassturz schneit es dazu. Die Trafikantin Valerie wälzt sich auf einem Bett mit Männerköpfen, der Rittmeister wird aus seinem Schoßrock geknöpft und als halb nackter Westernheld ausstaffiert, der Zauberkönig kriecht in seliger Geilheit einem der nackten Mädchen in den Schoß – es ist Marianne.

Der lang ausgehaltene Wunschtraum bricht zusammen, den Zauberkönig trifft der Schlag. Er wird vor seinem Haus aufgebahrt, lallt in der Schlussszene schlagflüssig. Zu seinen Füßen sitzt Oskar mit der Mandoline, singt in einer unverständlichen Sprache langhingezogene, afro-asiatisch wirkende Demuts- und Klagelieder. Nur Marianne nimmt an dieser leicht überglänzten Entrücktheit nicht teil: Mit knapper, gelassener, kalter Deutlichkeit meldet sie sich beim Vater als die gefallene Tochter, die Geld braucht. Oskar bemächtigt sich ihrer.

Bravourakt

Vom wuchernden szenischen Reichtum der Aufführung sind hier nur Hauptstränge erfasst und beschrieben (die Sitzordnung lässt auch gar nicht zu, will nicht zulassen, dass jeder einzelne Zuschauer jede Einzelheit zu sehen bekommt). Was hier – mittels einer eklektischen und unbedenklich wirkungssüchtigen, aber ungemein bildkräftigen Ästhetik – zu welchem Ende befreit wird (Horváths Werk von seinen peniblen Auslegern, die Schaubühnen-Schauspieler von rationalistischer Dressur, unser Theater von Fantasiearmut) lasse ich dahingestellt sein. Es ist möglich, dass Grübers Visionen folgenlos bleiben. Ich habe sie außerordentlich fasziniert, doch überwiegend kalt, als ästhetischen Bravourakt, genossen.

HAMBURG, THALIA-THEATER, 1973. REGIE: JÜRGEN FLIMM

Mechthild Lange: Gemeinheiten im Wiener Wald (In: Frankfurter Rundschau vom 18. 10. 1973)

Diese Inszenierung im Hamburger Thalia-Theater gleicht in mehrfacher Hinsicht einem breit angelegten Bilderbogen – wobei der Begriff Bilderbogen nicht so zu verstehen ist, dass es Jürgen Flimm allein um schöne Arrangements gegangen wäre; vielmehr versucht der Regisseur auf sehr einleuchtende Weise, Situationen, Stimmungen und Bewusstseinszustände bildhaft auszudeuten.

Flimm geht das Stück sehr langsam an, lässt sich viel Zeit, zerlegt die Szenen in Einzelaufnahmen, insistiert auf Wiederholungen – der Auftritt des Rittmeisters in der Straße im 8. Bezirk vollzieht sich jedes Mal auf die gleiche Weise, jedes Mal endet diese Szene mit dem Hüpfspiel der kleinen Ida. Momente, in denen sich das Kitschbedürfnis der Personen besonders deutlich artikuliert, werden zu starren Posen eingefroren. Das alles signalisiert die Unmöglichkeit, sich vorgeprägten Verhaltensweisen zu entziehen, die Unveränderlichkeit der Zustände.

Diese Intentionen des Regisseurs werden vom Bühnenbildner Erich Wonder treffend unterstützt: Die Bühne ist fast niemals völlig geöffnet. Das erste Bild »Draußen in der Wachau« gibt zwar den Ausblick auf eine Landschaft, doch wird dieser Blick eingeengt durch weit eingezogene schwarze Bühnentore. Die »stille Straße« ist eine winklige Gasse; hohe schmale Häuser, betulich hergerichtete Fassaden verhüllen kaum Verfall und bröckelnden Putz. Das Zimmer, in dem Marianne und Alfred später hausen, ist weit in den Bühnenhintergrund zurückgelegt, eng wie eine Gefängniszelle. Im Heurigenbild endet der

Bildausschnitt knapp über den Köpfen der Lokalgäste, eine grelle Glühbirne beleuchtet ein Geschehen, das mit landläufiger Heurigenseligkeit nichts mehr zu tun hat. Dumpf, müde und betrunken sitzt man herum und rafft sich nur mühsam auf, dem Amüsierzwang zu gehorchen.

Das Gemeine, Zwanghafte, Böse wird in dieser Inszenierung ganz unverstellt gezeigt und keineswegs mit Zügen des so genannten Wiener Charmes, und sei er noch so verlogen, verbrämt. Auch die faschistische Komponente, die Ödön von Horváth in die »Geschichten aus dem Wiener Wald« einbrachte, wird durch Nazi-Symbole in der Kabarettszene optisch dingfest gemacht.

Flimm geht es weniger darum, persönliches So-Sein herauszuschälen, als Verhaltensmuster vorzuführen. Diese Verhaltensmuster sind festgesetzt. Wenn Valerie und Oscar in ein Triumphgeschrei über das Scheitern der Verbindung Marianne – Alfred ausbrechen, tun sie es im gleichen Tonfall auf die gleiche Weise. Individuelle Äußerung wird erstickt, individuelles Verhalten durch die Gesellschaft, in der man lebt, eingeengt. Die Stellung, die jeder einnimmt, bestimmt sein Tun. Das wird wieder ganz direkt ins Szenische übertragen.

Die einzige wirklich menschliche Figur in dieser Aufführung ist Marianne. Vera Borek legt die Rolle von Anfang an auf einen Ton durchaus vernünftiger Selbstbewahrung an. Marianne versucht den Verhältnissen, in denen sie hineingeboren ist, und der Zukunft, die ihr vom Vater vorbestimmt wurde, zu entgehen. Oscar (Dieter Kirchlechner) ist ihr ganz deutlich physisch widerlich, und ihre Verbindung zu Alfred ist ein echter, wenn auch illusionistisch verklärter Ausbruchsversuch und keineswegs auf eine verkitschte Vorstellung von romanhaftem Erleben zurückzuführen.

Zwischen Marianne und den Übrigen steht Alfred: Auch ihm sind natürlich in dieser Inszenierung die Posen und Verhaltensformen des professionellen Liebhabers zugeordnet, aber Heinz Trixner gelingt es darüber hinaus, der Figur einen Rest von Redlichkeit zurückzugewinnen, auch Alfred ist in etwas hineingeraten, das er so nicht gewollt hat, und in seinen letzten Worten schwingt mit wirkliches Bedauern über sein Versagen.

Eine bemerkenswerte Inszenierung, die sich allerdings im zweiten Teil etwas allzu manieristisch um die eigene Achse dreht. Unverständlich blieb mir die bombastische, zu Schicksalstönen aufgeplusterte Zwischenmusik. Hier wäre doch die traute Walzersüße ein wirkungsvoller Kontrast gewesen.

WIEN, BURGTHEATER, 1974. REGIE: OTTO SCHENK
BASEL 1974. REGIE: HANS HOLLMANN

Henning Rischbieter: Was denn – Realismus? (In: Theater heute 4, 1974, S. 12ff.)

Zwei ältere Regisseure, Otto Schenk und Hans Hollmann, inszenieren jeweils zum zweiten Mal Horváths böse »Geschichten aus dem Wiener Wald«, und die Resultate sind extrem gegensätzlich.

Beide Regisseure sind Wiener, beide berufen sich auf Fritz Kortner, auf dessen unnachgiebige, langwierige Ermittlung menschlicher Verhaltensweisen auf dem Theater. Beide haben jetzt zum zweiten Mal ein Stück inszeniert, das ihr großes Regievorbild Kortner wohl nie erwogen hat (weil es seinem bös-satirischen Blick auf die Herkunftsstadt Wien allzu sehr glich?): Horváths »Geschichten aus dem Wiener Wald«. Otto Schenk inszenierte es 1966 an den Münchner Kammerspielen und jetzt im Burgtheater, Hans Hollmann unternahm seinen ersten Regieversuch 1971 im Düsseldorfer Schauspielhaus, jetzt den zweiten in Basel. Die Aufführungen sind auf exemplarische Weise verschieden, schließen einander aus. Publikumserfolge sind sie anscheinend beide – aber wenn die Baseler Aufführung in Wien stattfände, dann gäbe es, glaube ich, wütende Proteste. Erste, vereinfachte

Formel, um die Aufführungen zu unterscheiden: Schenk hat für Wien, Hollmann gegen Wien inszeniert.

Zum Beispiel die Szene beim Heurigen. In der naturalistischen, breit gelagerten Szenerie Günther Schneider-Siemsens im Burgtheater sitzen mehrere Dutzend Statisten, manche hinter Laubenhecken. Die Heurigenlieder werden da und dort angestimmt, pflanzen sich bis in den vollen Chorus fort, der Gesang klingt weinselig und gemütlich, erfreut erkennt der Parkettsitzer: So sind wir Wiener, so können wir auch bleiben.

Hollmann hat, in Basel, eine etwa dreißigköpfige Menge auf einem eher kleinen Podest oben über der Bühne zusammengedrängt. Sie sitzen streng gereiht an drei langen Tischen. Sie singen exakt, nicht ohne Wohllaut, aber doch mit auftrumpfendem Stumpfsinn die Lieder ab, lange. Die von Horváth so oft verlangten Pausen (bis zu: »Totenstille«) gliedern den Vorgang streng. Gezeigt wird nicht, wie bei Schenk, die schlampig-gemütvolle Oberflächenform des Heurigen, sondern das darin hausende negative Wesen: Der Leerlauf der Wiederholungen, die Dressur der Gewohnheitssingerei.

Kuriosum: Sowohl in Wien wie in Basel zeichnet Peter Fischer für Musik und musikalische Einrichtung verantwortlich. Das hängt damit zusammen, dass Schenk für Wien auf die Musik seiner Münchner Inszenierung von 1966 zurückgegriffen hat – Fischer war damals bei den Kammerspielen engagiert. Er schied dort anlässlich der Querelen um Everdings Nachfolge aus und gehört heute der Schaubühne an, hat mit Hollmann schon in Düsseldorf 1971 zusammengearbeitet und stimmt mit dessen Intentionen überein: Er stellt das musikalische Material, die Walzer- und Wiener-Lieder-Zitate exakt und demonstrativ aus, ohne sie zu verzerren oder zu übersteuern, wie das Ostendorf im Hamburger Thalia Theater (siehe Theater heute 11/1973) tat.

Die Bühnen: Schenk greift in Wien auf die Münchner Lösung zurück – zwischen den Bildern dreht sich die riesige Rückwand, auf der Fotoprojektionen von Wiener Motiven einander überblenden. Währenddessen werden putzig-naturalistische Bauten (Das Haus in der Wachau, die Läden im 8. Bezirk) hereingefahren. So »fließt« die Aufführung, wird zu einem Theater-Kontinuum. Aber Horváth ist doch ein Autor, der gliederte, teilte, skandierte? Hollmann in Basel hat sich von Hannes Meyer auf die kleine Bühne der Komödie, in ziemlich hellem Licht, die Schauplätze gedrängt nebeneinander aufbauen lassen, links erhöht die Ladenfront, dann ein Podest mit Ehebett und Schrank, hinten ein höheres mit dem Tafelklavier, an dem die blinde Helene spielt, rechts der Billardtisch fürs Café. Das eher ramponierte Zeugs stößt sich im Raum, und die Szene im Wiener Wald wird beengt an der Rampe gespielt. Mir scheint, dass eine solch durch Theater-Material reale Bühne, mehr als die kulissen- und stimmungshafte in Wien und mehr auch als die steril-künstliche in Düsseldorf 1971 dem Stück angemessen ist.

Schauspieler-Vergleiche

Die eigentliche Entscheidung fällt allerdings nicht durch Musik und Bühne, sondern durch die Schauspieler. Marianne [...] – diese Marianne kann als tapfer, aber als erfolglos Liebende, Strebende, Leidende gespielt werden – so wie in Wien von Gertraud Jesserer. Diese ehrlichste unter den jüngeren Wiener Gefühlsschauspielerinnen wird von Otto Schenk allerdings ziemlich oft in den »erschütternden« Ausbruch getrieben. Sie muss gegen das Bühnen- und Musikgetriebe anschreien, sodass ihre schmale, hartnäckige Gefühlsenergie sich verbraucht. Den schwierigeren Weg führt Hollmann die überaus willige Hilde Ziegler in Basel: Sie sagt den Text traurig-klagend auf, nervt mit ausgestellter, schwyzerisch insistierender Sentimentalität, lächelt so puppig-optimistisch, dass die Aussichtslosigkeit hinter der grinsenden Maske evident wird (so rückt die Figur in die Nähe der Klara Hühnerwadel aus Wedekinds »Musik«: Jedes Gefühl ist längst, durch die gesellschaftlichen Umstände, zum Kitsch missraten).

Den Strizzi Alfred spielt in Wien Wolfgang Hübsch auf eine nicht unzutreffende Art: Ein weicher, zuwiderer, doch charmanter Schleicher, ein nichtiger Mensch. Zur Chiffre der Nichtigkeit, die Helmut Lohner (in Zürich 1964 und in München 1966) durch kalte Gelassenheit erreichte, gelangt Hübsch allerdings nicht. In Basel spielt René Scheibli den Alfred mit ausgeleierten, routinierten Charme-Gesten, schon graue Ältlichkeit im allzu gekonnt grinsenden Gesicht.

Die 50-jährige Trafikantin Valerie – Alfred verlässt sie und kehrt zu ihr zurück – spielt in Wien wie schon in Zürich und München Jane Tilden. Sie hat für die Figur ein Ineinander von Herzlichkeit und Lässlichkeit, Frohmut und Vulgarität entwickelt, das ein für allemal eine zutreffende darstellerische Möglichkeit ist – es sei denn, man riskiert die schrille Geilheit vor dem Klimakterium wie Edith Clever in der umstrittenen Schaubühnen-Inszenierung des Stückes durch Klaus Michael Grüber. Eva-Maria Duhan in Basel, eher der hier unzutreffende Typus der älter gewordenen Salondame, geht auch das Wienerische der Jane Tilden ab, dafür spielt sie ein paar scharfe Brüche in der Figur (etwa: schneller Umschlag von Liebenswürdigkeit zu harter, berechnender Forderung).

Den Zauberkönig, Mariannes auftrumpfend egoistischen Vater, spielt in Wien Karl Paryla – als Karl Paryla. Er flicht unterhaltsam Extemporiertes an der Rampe ein, zeigt, dass er noch effektvoll vom Stuhl fallen kann. Immerhin: In der Szene, wo Marianne ihm ihren Notstand vor Augen führt, er aber eigensüchtig nur die Schande sieht und weggeht, da zeigt Paryla kleinbürgerliche Härte und Dünkel. Diese Spießer-Züge sind bei Hubert Kronlachners Baseler Zauberkönig die durchgehaltenen, und zwar ohne Monotonie und mit äußerst aufmerksam erarbeiteten und festgehaltenen Nuancen. Ihm lässt Hollmann am meisten von seiner Forderung auf demonstrativ ausgestelltes Sprechen nach, vielleicht weil er die diffizile Sicherheit nicht stören wollte, mit der hier eine Menschengestalt getroffen wurde (getroffen in einem doppelten Sinn des Wortes: genau beschrieben *und* aufgespießt, kritisiert).

Ein letzter Schauspieler-Vergleich: Alfreds Großmutter, die geizig und eifersüchtig barmende Alte, die das Kind Alfreds und Mariannes aus Greisenkälte ebenso wie aus Affenliebe für Alfred wegschafft, wurde in Zürich und München von Adrienne Geßner mit schneidender Dezenz gespielt. Jetzt, in Wien, ist davon nur noch ein Schatten geblieben, ein kraftloser. Lotte Lang (die die Rolle schon in Düsseldorf spielte) gibt in Basel ungerührten Altersstarrsinn, einen bös unberechenbaren Kobold mit gefährlichem, an den Irrsinn grenzenden Humor. Da wird viel gewagt und viel gewonnen.

Muss Fatalität hingenommen werden?

Ein Fazit des Vergleichs zu ziehen ist schwer und fragwürdig. Die Wiener Aufführung, achtbar, wirkte auf mich in ihrem unreflektierten psychologisierenden Illusionismus antiquiert und stellenweise leichtfertig verharmlosend. Doch es mag sein, dass das eine allzu sehr norddeutsche Sicht ist.

Die Überzeugung, dass dieses Stück ein nützliches und notwendiges Beispiel für Menschen- und Gesellschaftsanalyse darstellt, dass es in der rückhaltlosen szenischen Analyse depravierten Kleinbürgertums vor dem Faschismus diesen selbst aufklärend herleitet – diese Überzeugung ist mir in Wien verloren gegangen. Sie wurde zum Teil wiederhergestellt in Basel. Doch nur zum Teil: Denn Hollmanns Demonstrativ-Theater, das an Thema und Milieu polemisch fixiert ist, verliert sich selbst auch in die Fatalität, den Fatalismus, der aus der sinnvernichtenden Kreislaufdramaturgie des Stückes aufsteigt. Deshalb kann ich auch Grübers Schaubühnen-Inszenierung schwerlich vergessen, die den Stücktext aufbrach, ihn im zweiten Teil nur noch als ein Material unter anderen verwandte und dadurch imstande war, nicht nur die Phrasen und die Süchte, sondern auch die Sehnsüchte, die unbegriffenen Glücks- und Zukunftshoffnungen der Kleinbürger zu zeigen, ihre Entgrenzung in die Utopie.

STUTTGART 1975. REGIE: HORST ZANKL

Peter Iden: [...] ein Todestanz (In: Frankfurter Rundschau vom 1. 4. 1975)

[...] Der für dieses Projekt als Berater engagierte Schweizer Herbert Gamper hat der Arbeit der Regie den Grund gelegt. Gampers genaue, sorgfältigste Analyse des Stücks füllt fast ein ganzes Programmbuch. Sie entdeckt das Volksstück als ein bis in die kleinsten szenischen Partikel durchkomponiertes Geflecht symbolischer Zeichen, die alle aufeinander bezogen sind und alle auf einen zentralen Punkt hinlenken: auf das Motiv von Sterben und Tod. Gamper liest und Zankl inszeniert das Drama Horváths also nicht nur als den Alptraum und die Groteske, die Klaus Michael Grüber (1972 an der Berliner »Schaubühne«) daran sichtbar machte, sondern ausdrücklich als Todestanz.

Das ist ein ausschließendes Konzept: Es entzieht dem Stück, was darin – vor allem in den Wiener Aufführungen Otto Schenks, aber auch bei Hans Hollmann – an Illusionsentfaltung und farbiger Milieu-Schilderung (Picknick an der Donau, Heurigen-Szenen) möglich schien. Dieser Entzug ist zunächst an den Räumen des Bühnenbildes von Hans Kleber abzulesen. So führt der Besuch Alfreds bei der Großmutter in der Wachau, mit dem das Stück beginnt, nicht eine ländliche Idylle vor Augen, sondern einen schmutzig-braunen Hügel, die Großmutter haust in einem Erdloch, aus dem sie herausklettert wie aus einem Grab, ein archaisches Unwesen, an das Alfred in einer zwanghaften, psychisch bestimmten Beziehung gefesselt ist, einer traumatischen Bindung, durch frühkindliche Erfahrungen (auch erotisch) geprägt. Zugleich ist mit diesem ersten Bild das Motiv des Grabes vorgegeben: als Fluchtpunkt aller folgenden Bewegungen wird diese Wachau im Hintergrund immer präsent gehalten.

Andere größere Gräber schieben sich später davor. Die Szene der platzenden Verlobung an der Donau, wenn Marianne ausbricht aus der verordneten Verbindung mit dem Metzger Oskar, all ihre Hoffnung auf Alfred wirft, ereignet sich in einem hallenartigen Innenraum, in ein krankes gelbes Licht getaucht, wie nachher die Heurigen-Szene in Töne eines fauligen Grüns. Das sind alles Kammern wie in Gruften. Die Menschen darin – aussichtslos vor dem Tod.

Diesen erstaunlichen Bildwerten, die jedem Anflug von Lebendigkeit die Perspektive tödlichen Zerfalls entgegenhalten (Bilder, deren Klima an das von Collagen des Joseph Beuys erinnert), entsprechen ähnlich symbolische Arrangements in der Führung der Schauspieler. Wenn wir Marianne kennen lernen, schmückt sie ein Skelett im Schaufenster des väterlichen Ladens. Und Oskar steht vor seiner Metzgerei oft starr neben dem gleichen Skelett, wie dessen noch lebendiger Bruder. Indem sie Oskar flieht, weicht Marianne nicht dem Mann aus, den sie nicht will, sondern dem Tod. Und nicht dieser Mann zwingt sie am Ende, seine Frau zu werden, sondern der Tod schleppt das Mädchen ab. Oskars Drohung: »Du wirst meiner Liebe nicht entgehen«, erklärt sich so als Ausdruck der Gewalt des Todes über das Leben.

Zankl und Gamper verfolgen diese Symbolik, die sie bei Horváth vielfach belegt finden, bis in die Konsequenz einer Besetzung, die den Darsteller des Vaters (Hans-Helmut Dickow) auch jene geheimnisvolle Baronin spielen lässt, durch die Marianne an einen Nachtklub verkauft wird. Das will sagen: Oskar, der Vater, die Baronin – alles Ersatzfiguren für den Tod. Mit einer schönen Innigkeit, großem Gefühl singt Libgart Schwarz, die Marianne, einmal gegen das Sterben an, das sie um sich überall wahrnimmt. In den albernen Text des »Liedes von der Wachau« drängt sie ihre ganze Sehnsucht, zwingt, für einen unvergesslichen Augenblick, dieses Lied über die schlechte Wirklichkeit seiner Kitsch-Wörter hinweg – und spielt am Ende, ganz leise werdend, doch mit, wie das Mädchen spürt: Da führt kein Weg heraus. Libgart Schwarz beginnt als schon lädierte, niemals »hübsche«, eher ein bisschen unscheinbare Marianne. Das ist im Konzept dieser Inszenierung deswegen überraschend, weil eine blühendere Figur den Kontrast zur Todes-Umgebung verschärfen könnte, worauf also verzichtet wird. Aber die Schauspielerin hat doch die Kraft, trotz des niedrigen Ansatzes, den Verbrauch an Lebenselan, den Sog, in den die Figur gerät, zu spielen. Jutta Lampe, damals in Berlin, hatte den Jubel der Liebe zu Alfred strahlender, voller, den Niedergang der Hoffnungen dann auch schmerzlicher vorgeführt. Doch war Michael Königs Alfred in Berlin auch ein kräftigerer Filou als Branko Samarovski in Stuttgart, der seine Neigung zu Leidensmienen nicht recht wegbringt, etwas falsch Zerschmerztes hat. Dagegen: Heinrich Giskes Oskar von präziser, scharfer Kontur, Edith Heerdegen eine Großmutter von tatsächlich dämonischem Schrecken. […]

MÜNCHEN, RESIDENZTHEATER, 1978. REGIE: DIETER GIESING

Joachim Kaiser: Wiener Wald im Neonlicht (In: Süddeutsche Zeitung vom 25. 3. 1978)

Die Figuren dieses bösen Bilderbogens verfügen unter ihrer jovialen Wiener Schale über einen ganz harten Kern. Was dieser sie denken, beziehungsweise hassen lässt, das äußern die Wiener-Wald-Protagonisten keineswegs immer nur liebenswürdig, indirekt, versehentlich, sondern das sagen sie, meist am Szenen-Ende, ganz unverblümt, entweder einander ins Gesicht – oder ad spectatores. »Luder, Miestvieh, Zuhälter, Bestie« nennt Valerie ihren enteilenden Exliebhaber Alfred. Als »altes fünfzigjähriges Stück Scheiße« bezeichnet Erich, nach dem Abschied, besagte Valerie. Marianne, tief unter die Räder gekommen, sich den alten Verhältnissen wieder einfügend – absolviert ihren Canossagang. Rührung über ein zwar fehlendes, aber doch einsichtsvolles Menschenwesen könnte sich nun einstellen – sowohl bei ihren Partnern als auch im Publikum. Drum fügt sie eiskalt hinzu: »Ich möcht jetzt nur noch was sagen. Es ist mir nämlich zu guter Letzt Scheißwurst.« Als sie indessen ihren verzweifelten Vater mit einer Selbstmorddrohung zur Versöhnung nötigen wollte, da fluchte der, wenn auch betrunken, zurück: »So wirf dich doch vor den Zug ... Samt deiner Brut!« Der mörderischen Großmutter und den durchaus sadomasochistischen Angehörigen der »Fleischhauerei« sind derartige zusammenfassende Fazit-Sätze nur deshalb nicht besonders in den Mund gelegt, weil sie sich sozusagen durchgehend in offenherzig brutaler Weise äußern ...

Münchner Theaterbesucher, die sich noch der schwungvollen und virtuosen Kammerspielinszenierung Otto Schenks erinnern, in der Adrienne Gessner, Rudolf Vogel und Helmut Lohner »unvergesslich« brillierten, müssen nach diesen Zitaten zu der Ansicht kommen, es sei von einem anderen Stück die Rede. Gewiss, als ganz deftig und offenherzig hat man Horváths Wiener Wald schon in Erinnerung. Aber ist dieses Volksstück wirklich so grimmig, so schlüpfrig auch (»Ich will gar nichts aus ihnen herausziehen. Im Gegenteil«, sagt Alfred zur neuen Geliebten, die ihm vorgehalten hat, er verleite sie zu erstaunlichen Geständnissen), ist es so effektvoll denunziatorisch, wie das unsere oben stehende […] Fluch-Anthologie und die herbe Inszenierung Dieter Giesings vermuten lässt?

Die Antwort auf diese Frage kann klar ausfallen. Sie lautet: ja und nein. Was das Ja betrifft: Selbstverständlich stehen alle diese Finsternisse im Text, selbstverständlich handelt es sich um ein schwarzes, um ein Anti-Volksstück. Fürs Nein spricht – und darum liegen die Dinge doch nicht so einfach, so abstrakt klar –, dass alle diese Zitate, alle diese Worte, Seelen- und realen Morde auf wienerisch herauskommen. Das macht sie nicht harmloser, aber verständlicher. Nicht liebenswerter, aber natürlicher, »geschöpflicher«.

Anti-Stimmungsmache

Dieter Giesing, mit Wien höchstens wahlverwandt, gestattete und schuf, von wenigen Ausnahmen abgesehen, keine »Stimmung«, deren terroristischer Untergrund ja dann enthüllt werden könnte. Es fehlte der Dialogführung das Wienerische, das Verschlampte, Verschluckte, Greinende. Es fehlte dem Bühnenbild von Erich Wonder wiederum alles Verstaubte. Ein Neonlicht-Wien. Hellste Schaufenster. Manchmal bloß mystifizierte »Salons«. Reinigende preußische Hände waren in der Fleischhauerei und in des Zauberkönigs Spielzeugladen offenbar an der Arbeit gewesen. Das fiel umso störender auf, als in vielen Einzelheiten eine quasi abstrakte Ähnlichkeit angestrebt worden war.

Und was erbrachte diese Anti-Stimmungsmache? Nun, sie verhinderte, dass die Premierenbesucher sich, wie es bei diesem Horváth oft geht, zunächst über eine deftig-maliziöse Operette freuen, und dann übers totenstarre Ende erschreckt bis empört sind. Giesings Haltung erzwang eine Neu-Definition fast jeder Figur – weil die einzelnen Typen sich nicht, oder kaum, durch ihren Tofall, sondern nur durch ihre Worte und Handlungen charakterisieren durften.

Das wirkte – im genauen Sinne des Wortes – am befremdendsten bei der Hauptfigur. Fräulein Marianne wird sonst immer als eher weiches Wiener Mädel, als lyrisches Vorstadt-Gretchen besetzt und gespielt. Als ein Opfer ihrer Verliebtheit und der schnöden Männerwelt. Als Mitleid-Erregende.

So war Anne-Marie Kuster nicht. Sie trat gleich auffallend eckig wie eine stolze Norddeutsche oder eine selbstbewusste Schweizerin auf. Sie äußerte ihren Ärger über die Dummheit ihrer Umwelt glaubwürdig. Wirkte in der Tat gescheiter. Die Verlobung platzen lassen, den jungen Strizzi wählen, ein Kind von ihm verlangen: Das waren Akte, die hier nichts mit Wiener Verliebtheitsbereitschaft zu tun hatten. Sondern es waren Emanzipationsversuche einer Unangepassten. Den Zusammenbruch von allem spielte Anne-Marie Kuster tragisch-herb. Ihr Schluss war bezwingend. Sie müsste eine vorzügliche Ibsen- oder Tschechow-Darstellerin sein. Als Mariandl indessen schien sie allzu absichtsvoll fehlbesetzt.

Alfred Brenner, der Alfred, traf den »Geschichten«-Ton authentischer. In dem Maße, in dem seine Geliebte aufs Sympathisch-Sein verzichtete, wurde ihm mehr Gerechtigkeit zuteil. Schade, dass die Wachau-Szenen mit Mutter und Großmutter, die für Alfred sehr ergiebig sein könnten, so blass blieben, weil es Giesing nicht gelungen war, mit Johanna Hofer irgendein erkennbares Konzept zu erarbeiten. Und weil auch Toni Berger für die grimmige Verkniffenheit des »Zauberkönigs« keine Äquivalente bot, schlug die Abstraktionstendenz manchmal in Kälte und Spannungslosigkeit um.

Massenszenen ohne Massen

Zudem war Giesings ohnehin gefährliche Tendenz nicht eindeutig herausgearbeitet. Ruth Drexel durfte – und sie tat es mit umwerfend komischer Courage – aus der Valerie eine regelrecht ordinäre Nummer machen, die vital, dick und erst gegen Ende etwas monoton geriet. Kurt Meisel bot, zart-naturalistisch böhmakelnd, ein Horváth-Lehrstück. So, wie er es vorführte, müsste eigentlich bei Horváth der Dialekt die Brutalität hervorbringen und auch wieder entschärfen, das heißt bieder und plausibel machen!

Wie heftig sich Giesing um Kargheit und Sparsamkeit mühte, demonstrierten die Massenszenen, die keine waren. Sowohl beim Heurigen als auch im Nachtlokal wimmelte es nicht. Fast keine Statisterie, die da wirklich unentbehrlich ist. Dabei lehrte die Aufführung [...] doch, dass das Residenztheater über ein akzeptables Ensemble für dergleichen verfügt. Sie lehrte allerdings auch, dass Horváths berühmtestes Stück, falls man ihm den allesverbindenden Tonfall versagt, Risse bekommt. Vieles wirkt so absichtsvoll, so grell-forciert, so superklug und anti-sentimental. Doch auch wenn die Aufführung nicht mit den großen oder den authentischen Inszenierungen konkurrieren kann, sie war sehenswert und wurde beklatscht, weil sie Horváths Härte und Bitterkeit, aber auch seine grelle Kolportagehaftigkeit unterstrich, weil sie grimmig alle die Pfeile zuspitzte, die da der kleinbürgerlichen Verkitschtheit mitten ins Herz geschossen werden.

7 Literaturverzeichnis

7.1 Textausgaben

Geschichten aus dem Wiener Wald wird nach den in der Paginierung identischen Ausgaben suhrkamp taschenbuch 2370 und suhrkamp taschenbuch 1054 zitiert, die anderen Werke mit der Sigle *GW* nach der Ausgabe *Gesammelte Werke. Kommentierte Werkausgabe* (hrsg. v. *Traugott Krischke* unter Mitarbeit von *Susanna Foral-Krischke*. Frankfurt/Main: Suhrkamp 1983ff.)

Band 1: *Zur schönen Aussicht und andere Stücke* (st 1051) – Band 2: *Sladek* (st 1052) – Band 3: *Italienische Nacht* (st 1053) = (st 2369) – Band 4: *Geschichten aus dem Wiener Wald* (st 1054) = (st 2370) – Band 5: *Kasimir und Karoline* (st 1055) = (st 2371) – Band 6: *Glaube Liebe Hoffnung* (st 1056) = (st 2372) – Band 7: *Eine Unbekannte aus der Seine und andere. Stücke* (st 1057) – Band 8: *Figaro läßt sich scheiden* (st 1058) – Band 9: *Don Juan kommt aus dem Krieg* (st 1059) – Band 10: *Der jüngste Tag und andere Stücke* (st 1060) – Band 11: *Sportmärchen und andere Prosa* (st 1061) – Band 12: *Der ewige Spießer* (st 1062) = (st 2373) – Band 13: *Jugend ohne Gott* (st 1063) = (st 2374) – Band 14: *Ein Kind unserer Zeit* (st 1064) = (st 2375)

Geschichten aus dem Wiener Wald (mit einer *Nacherzählung* von Peter Handke). Frankfurt/Main 1982 (Bibliothek Suhrkamp 237) (zit. als BS)

7.2 Materialien- und Sammelbände

(Die in den Materialienbänden enthaltenen Abdrucke und Originalbeiträge werden in den Kapiteln 7.4 bis 7.6 mit Angabe der betreffenden Sigle nachgewiesen. Im interpretatorischen Teil wird nur die Jahreszahl des Wiederabdrucks angegeben.)

Mat ÖvH Materialien zu Ödön von Horváth, hrsg. v. *Traugott Krischke*. Frankfurt/Main 1970 (edition suhrkamp 436)

Über ÖvH Über Ödön von Horváth, hrsg. v. *Dieter Hildebrandt* und *Traugott Krischke*. Frankfurt/Main 1972 (edition suhrkamp 584)

stm ÖvH Ödön von Horváth, hrsg. v. *Traugott Krischke*. Frankfurt/Main 1981 (suhrkamp taschenbuch materialien 2005)

HD Horváth-Diskussion, hrsg. v. *Kurt Bartsch, Uwe Baur* und *Dietmar Goltschnigg*. Kronberg/Ts.: Scriptor 1976 (Monographien Literaturwissenschaft 28)

Mat GWW Materialien zu Ödön von Horváths »Geschichten aus dem Wiener Wald«, hrsg. v. *Traugott Krischke*. Frankfurt/Main 1972 und [2]1978 (edition suhrkamp 533)

stm GWW Horváths »Geschichten aus dem Wiener Wald«, hrsg. v. *Traugott Krischke*. Frankfurt/Main 1983 (suhrkamp taschenbuch materialien 2019)

stm HS Horváths Stücke hrsg. v. *Traugott Krischke*. Frankfurt/Main 1988 (suhrkamp taschenbuch materialien 2092)

Mat KK Materialien zu Ödön von Horváths »Kasimir und Karoline«, hrsg. v. *Traugott Krischke*. Frankfurt/Main 1973 (edition suhrkamp 611)

Mat GLH Materialien zu Ödön von Horváths »Glaube Liebe Hoffnung«, hrsg. v. *Traugott Krischke*. Frankfurt/Main 1973 (edition suhrkamp 671)

7.3 Monografien und Biografien

Hildebrandt, Dieter (1975 u.ö.): Ödön von Horváth in Selbstzeugnissen und Bilddokumenten. Reinbek (rororo Bildmonographien 231)

Kienzle, Siegfried (1977, [2]1984): Ödön von Horváth. Berlin (Köpfe des 20. Jahrhunderts 87)

Krischke, Traugott (1988): Horváth-Chronik – Daten zu Leben und Werk. Frankfurt/Main (suhrkamp taschenbuch materialien 2089)

Schnitzler, Christian (1990): Der politische Horváth – Untersuchungen zu Leben und Werk. Frankfurt/Main, Bern

7.4 Darstellungen zu Horváths Werk, insbesondere zu den »Geschichten aus dem Wiener Wald«

Baumgartner, Wilhelm Martin (1988): Lied und Musik in den Volksstücken Ödön von Horváths. In: stm HS, S. 154 – 180

Beardsworth, Robert (1991): From Virgin to Witch – The Male Mythology of the Female Unmasked in the Works of Ödön von Horváth. Stuttgart

Boelke, Wolfgang (1970): Die entlarvende Sprachkunst Ödön von Horváths. Studien zu seiner dramaturgischen Psychologie. Diss. Frankfurt/Main

Doppler, Adolf (1975): Dramatisches Geschehen als sprachliches Arrangement. Ödön von Horváths »Geschichten aus dem Wiener Wald«. In: *A. D.* (1975): Wirklichkeit im Spiegel der Sprache. Aufsätze zur Literatur des 20. Jahrhunderts in Österreich. Wien, S. 150 – 171

Doppler, Adolf (1976): Bemerkungen zur dramatischen Form der Volksstücke Horváths. In: HD, S. 11 – 21

Emrich, Wilhelm (1970): Die Dummheit oder das Gefühl der Unendlichkeit. In: Mat ÖvH, S. 139 – 147

Gamper, Herbert (1974): Die Zeichen des Todes und des Lebens: Zu bisher kaum beachteten Konstruktionselementen in Horváths vier Fräuleinstücken. In: Theater heute 12/1971, Sonderheft, S. 73 – 77

Gamper, Herbert (1976): Todesbilder in Horváths Werk. In: HD, S. 67 – 81

Gamper, Herbert (1988): Horváths Auseinandersetzung mit Strindberg – Sein erstes Stück »Mord in der Mohrengasse«. In: stm HS, S. 54

Glaser, Herrmann (1983): Ab mit ihr – Ehe die Seelen töteten. Zur deutschen ›Spießerideologie‹. In: stm GWW, S. 68 – 83

Gough, Elisabeth (1972): Möblierte Zimmer, stille Straßen. Zur Dramaturgie der Schauplätze in Ödön von Horváths Stücken. In: Über ÖvH, S. 107 – 122

Haag, Ingrid (1983): Zeigen und Verbergen – Zu Horváths dramaturgischem Verfahren. In: stm GWW, S. 138 – 153

Haag, Ingrid (1988): Horváth und Freud: Vom »Unbehagen in der Kultur« zur Dramaturgie des Unheimlichen. In: stm HS, S. 66 – 83

Haag, Ingrid (1995): Ödön von Horváth. Fassaden-Dramaturgie. Frankfurt/Main, Bern

Hell, Martin (1983): Mord und k.o.-Schlag. Die »süße« Brutalität in Horváths Dramen. Sentimentalität in den »Geschichten aus dem Wiener Wald«. In: stm GWW, S. 84 – 115

Hildebrandt, Dieter (1970): Liebe, Tod und Kapital. In: Mat ÖvH, S. 161 – 172

Hollmann, Hans (1972): Einige Grundsätze für künftige Horváth-Regisseure. In: Über ÖvH, S. 96 – 101

Hollmann, Helga ([2]1978): Marianne oder Von der Erziehung zur Preisgabe des Willens. Ein Beitrag zur Gesellschaftskritik. In: Mat GWW, S. 223 – 236

Huder, Walter (1970): Inflation als Phänomen der Existenz. In: Mat ÖvH, S. 173 – 178

Jörder, Gerhard (1991): Das Glück steht auf einem Bein – Ödön von Horváths »Geschichten aus dem Wiener Wald« in Frankfurt und Stuttgart. Aufführungsvergleich. In: Theater heute 5/1991

Kahl, Kurt (1970): Der Dramatiker der Krise. In: Mat ÖvH, S. 147 – 161

Klotz, Volker (1971): Reagenzdramatik. Ödön von Horváths Volksstücke und sein Stückvolk. In: Frankfurter Rundschau vom 27. 11. 1971

Kurzenberger, Hajo (1974): Horváths Volksstücke. Beschreibung eines poetischen Verfahrens. München

Kurzenberger, Hajo (1976): Möglichkeiten, Horváth zu spielen – keine Gebrauchsanweisung. In: HD, S. 82 – 94

Melzer, Gerhard (1976): Lachen über die Wirklichkeit. Stichworte zu gattungs-konstituierenden Merkmalen im dramatischen Werk von Karl Kraus und Ödön von Horváth. In: HD, S. 22 – 37

Nolting, Winfried (1976): Der totale Jargon. Die dramatischen Beispiele Ödön von Horváths. München

Nolting, Winfried (1983): Drama des Tonfalls – Individualität und Totalität Horváthscher Sprachdarstellung in den »Geschichten aus dem Wiener Wald«. In: stm GWW, S. 116 – 137

Orłowski, Hubert (1976): Ödön von Horváths Sprachgestus als Übersetzungsproblem. In: HD, S. 111 – 123

Reuther, Gabriele (1962): Ödön von Horváth. Gestalt, Werk und Verwirklichung auf der Bühne. Diss. Wien

Schmidt-Dengler, Wendelin (1981): Ödön von Horváths »Geschichten aus dem Wiener Wald« und der triviale Wiener Roman der zwanziger Jahre. In: stm ÖvH, S. 57 – 66

Wapnewski, Peter ([2]1978): Ödön von Horváth und seine »Geschichten aus dem Wiener Wald«. In: Mat GWW, S. 10 – 43

Werfel, Franz (1970): Nachwort. In: Mat ÖvH, S. 132 – 135

von Wiese, Benno (1981): Ödön von Horváth. In: stm ÖvH, S. 7 – 41

7.5 Didaktisch-methodische Modelle

Eckhardt, Juliane (1988): Horváths Stücke unter literaturdidaktischem Aspekt. In: stm HS, S. 194 – 229

Erken, Günter ([2]1976): Ödön von Horváth: »Geschichten aus dem Wiener Wald«. In: *Jan Berg* u.a. (Hrsg.): Von Lessing bis Kroetz. Einführung in die Dramenanalyse. Kursmodelle und sozialgeschichtliche Materialien für den Unterricht. Kronberg/Ts.

Wertheimer, Jürgen (1983): Horváth lesen lernen – »Geschichten aus dem Wiener Wald im Unterricht«. In: stm GWW, S. 154 – 176

7.6 Zur Rezeption

Günther, Gisela (1978): Die Rezeption des dramatischen Werkes von Ödön von Horváth von den Anfängen bis 1977. Diss. Göttingen

Krischke, Traugott (1981): Materialien zur Horváth-Forschung – Aspekte und Möglichkeiten. In: stm ÖvH, S. 202 – 218

Krischke, Traugott (1991): Horváth auf der Bühne 1926 – 1938. Eine Dokumentation. Wien